NICOLE CRANK

Querido Dios, No sé por dónde empezar...

Cómo hablar con Dios acerca de temas difíciles

páginaazul

QUERIDO DIOS, NO SÉ POR DÓNDE EMPEZAR...
Cómo hablar con Dios acerca de temas difíciles
Por NICOLE CRANK

Editado por Henry Tejada
Maquetación y Diseño de portada: Pablo Montenegro

Publicado por:
Página Azul
2051 NW 112 Avenue, Unit 129
Miami, FL 33172

Traducción al español por Bea Griffey.
Paperback: 978-1-956625-67-7
Hardcover: 9781956625684
E-book ISBN: 978-1-956625-69-1
Impreso en los Colombia.

Contenido

A mi precioso y amoroso esposo David,
quien escucha cómo me quejo cuando
debiera estar hablando con Dios.
Estoy aprendiendo, tesoro.

Introducción

—

Tal vez resulte un poco extraño que, sin haberte conocido antes, comience directamente con una conversación tan familiar, pero es demasiado bueno como para no hacerlo. Y debieras ir acostumbrándote, porque todo este libro es una conversación familiar, incluidas las MAYÚSCULAS y las cursivas que me pidieron eliminar en el proceso de edición. Tuve que luchar para conservarlas porque este no es un libro (aunque lo parezca), sino una conversación.

Ustedes, mis amigos, que leyeron *Hola Dios (Soy Yo Otra Vez),* me han estado persiguiendo A DIARIO para que escribiera otro *Hola Dios* con nuevos temas. Así que hemos estado trabajando duro. Digo "hemos" porque yo lo escribo, pero hay también editores, revisores, diseñadores gráficos, editoriales, y todo lo demás.

Este libro está a PUNTO de ser impreso y nos hemos dado cuenta de que no tenemos una introducción. Me piden que tenga una lista HOY MISMO. ¿Hoy? ¿Dios? No me siento inspirada. ¡No sé qué escribir! Inmediatamente caigo en la cuenta de que ¡ESTO ES EXACTAMENTE EL POR QUÉ DEL LIBRO! Sentimos que no sabemos qué decir, sobre todo cuando nos dirigimos a alguien tan importante como Dios.

Intento evitarlo y me recluyo en lo que más me gusta hacer en mi tiempo personal de estudio: leer. Parece más fácil.

Era un día nublado y aún estaba algo oscuro a las siete de la mañana cuando me senté a escribir esta introducción. Justo en ese momento vi salir el sol. Bueno, en realidad no fue así; más bien vi los rayos del sol en una silla cerca de donde yo me encontraba sentada. Me levanté y miré afuera... y vi la postal del sol brillando entre las nubes con su majestuoso color dorado. No hubiera podido tener esa vista desde donde me encontraba sentada. Me senté nuevamente y me iba a perder el resto del espectáculo.

> ¿Por qué?
> ¿Por qué sentarme y perderme de verlo?
> ¿Será que soy demasiado floja?
> ¿Demasiado rutinaria?

¿Será que me parecía demasiada energía para hacer ese movimiento?

Dejé de hacerme preguntas e hice algo distinto: me senté en la otra silla. Tuve que dejar de hacer lo que estaba haciendo para poder hacer algo nuevo.

Resulta que elegí algo mucho mejor. Ahora podía ver la vista. Podía sentir el sol. Podía ver a Dios brillando majestuosamente entre las nubes. Ya no fue solo un vistazo y de regreso a la rutina, sino que ahora continuaba haciendo lo que estaba haciendo, pero recibiendo todo el brillo del sol en mi nueva ubicación.

Esa mejora tan grande estaba tan al alcance y, sin embargo, casi me la pierdo.

Es por eso que me alegra que estés aquí. Siento que muchos de ustedes han estado MUY CERCA de obtener un gran avance. Has estado diciendo las palabras correctas a Dios; perdonando a los que te hicieron mal; inclinándote un poquito para ver un vistazo. Verdaderamente creo que *Hola Dios, Una Cosa Más* te permitirá algo más que un vistazo y te impulsará directamente a cambiar de asiento para escalar otro nivel de categoría espiritual.

Si has estado observando cómo otros disfrutan de la luz y has anhelado un poco para ti, estoy convencida de que leer este libro EN VOZ ALTA (sí, acá están las mayúsculas de nuevo, y también hice una cara graciosa al escribir esta parte) ... voy de nuevo: EN VOZ ALTA, te ayudará a pasar de solo ver la luz a vivir en ella.

Estás a punto de conocer mejor a Dios y comenzar a confiar en Él desde las áreas más íntimas de tu ser. Lo maravilloso es que Él nunca decepciona. No solo te va a encontrar en este nuevo lugar, sino que superará todas tus expectativas.

No necesariamente tienes que leer este libro "en orden". Puedes ir al Índice. Busca el capítulo que habla de tu situación actual y ten la conversación que debes tener con Dios, hoy mismo. ¡Pero no me dejes afuera! Cuando lo hagas, cuéntame qué te dijo. Puedes encontrarme en las redes sociales o en mi sitio web (nicolecrank.com). No puedo esperar a recibir las revelaciones, dirección, sanidad y sabiduría que te dará.

Ya dejaré de hablar, así puedes comenzar a hablar con Dios.

Querido Dios, No tengo tiempo

Tic-tac, suena el reloj. Verdaderamente hoy ha sido un día de mucho trajín. Digo, ¡estoy haciendo todo lo posible! Acabo de mirar el reloj y ya casi es la hora de la cena. ¿Cómo puede ser?

Aún tengo TANTO que hacer hoy. Ni siquiera he alcanzado a decir mis oraciones de la mañana, a hacer mis ejercicios, ¡ni a lavar la ropa!

¿Cómo es posible que teniendo la intención de levantarme y ponerte en primer lugar, de algún modo te quedas para el último? "¡Ay no! ¡es algo que tengo que cambiar!". Y cuando alcanzo a hablar contigo parece como si fuera un esfuerzo incluirte en mi agenda... como si te estuviera apurando para terminar nuestra reunión porque debo continuar con mi día. ¡Es como si pasara solo unos minutos contigo para poder enfrentar este día, en lugar de tener un verdadero encuentro con el Dios del cielo y de la tierra!

¡Quiero que estés en mi vida! Bueno...en realidad NECESITO que me digas lo que debo hacer. NO TENGO LA MENOR IDEA de cómo encontrarle la vuelta a la vida. Tengo que pasar tiempo contigo para que me des más claridad. Estoy desesperada por estar "en armonía" con mi propósito, y eso no es posible cuando llego apurada a pasar unos minutos contigo, a causa de todas las obligaciones de la vida.

¡Necesito cambiar mi punto de vista acerca de este asunto del TIEMPO! ¡Necesito poner mis prioridades en orden! Si permito que el tiempo maneje mi vida, nunca cumpliré con mi propósito. El tiempo es un amo que siempre hará todo lo posible para que yo nunca gane. Voy a poner mi mente en "modo avión", no quiero distraerme ni perderme la oportunidad de pasar tiempo contigo.

El tiempo contigo, Dios, no es tiempo perdido. El tiempo contigo es una SIEMBRA. Me da la oportunidad de cosechar MÁS TIEMPO. Dios, cuando me reúno contigo las presiones de la vida parecen disiparse. Me vuelvo más sabia, más rápida, más fuerte y capaz. Dejo de perder tiempo, y me libro de tomar decisiones equivocadas porque me apoyo en Aquel que no me deja tomar el mal camino.

Pasar tiempo contigo no me cuesta tiempo, porque TÚ REDIMES EL TIEMPO. Cambio mis penas y dolores por gracia y misericordia. ¡Voy a pasar tiempo contigo porque Tú eres el multiplicador del tiempo! ¡Tengo TIEMPO para pasar TIEMPO contigo!

Tú no funcionas con un horario. ¡Tú funcionas en la eternidad! ¡El tiempo no te afecta!

LA PALABRA DE DIOS

Pero yo he puesto mi esperanza en el SEÑOR; yo espero en el Dios de mi salvación. ¡Mi Dios me escuchará!

MIQUEAS 7:7 (NVI)

Vale más pasar un día en tus atrios que mil fuera de ellos; prefiero cuidar la entrada de la casa de mi Dios que habitar entre los malvados.

SALMOS 84:10 (NVI)

Mirad, pues, con diligencia cómo andéis, no como necios sino como sabios, aprovechando bien el tiempo, porque los días son malos.

Por tanto, no seáis insensatos, sino entendidos de cuál sea la voluntad del Señor.

EFESIOS 5:15-17

Querido Dios,
Cuando me siento débil

Estoy tumbada, aquí, tratando de levantarme, pero no creo tener la fuerza. No creo poder tener otra conversación acerca de la *misma* cosa: otra vuelta alrededor de la montaña, otro día como ayer. Lo intento con todas mis fuerzas, sin embargo...

Me siento débil. Por lo menos en mis propias fuerzas. Pero Tú no me pediste que enfrentara esta situación sola. Siempre has estado allí, queriendo que yo me apoye en ti. Si yo no fuera débil, podría empezar a pensar que no te necesito. ¡La verdad es que es exactamente lo contrario! ¡NO PUEDO LOGRARLO SIN TI!

Usas mi debilidad como una señal de que ya es hora de apoyarme en ti. Ya es hora de dejar de razonar y de empezar a ver con los ojos del espíritu y de la fe porque Tú sabes más. ¡Tú nunca me dejarás! Es hora de caminar por fe. No me las puedo arreglar sola. No fui hecha así. ¡Fui diseñada para arreglármelas contigo!

Mi humildad permite que mi debilidad sea evidente.

¡Cuando soy débil, Tú eres fuerte! Es hora de darme cuenta de que no fui creada para vivir independientemente y galopar sola por la vida. Fui formada, armada y programada desde la fábrica, para depender del sistema operativo del Cielo.

Cuando los israelitas miraban los muros de Jericó, habiendo marchado a su alrededor durante seis días seguidos… no ocurría nada; nada había cambiado y no había ninguna señal de que *algún día* cambiaría…pero luego ¡llegaste, Señor!

¡Tú eres mi fortaleza! Tú llenas mis grietas. Tú eres todo lo que yo no soy. Y Tú nunca me fallas. Tú nunca me dejas. Tú nunca me abandonas. Tú me cubres cuando estoy descubierta. Tú me proteges aun cuando no me doy cuenta de que hay un enemigo tratando de atacarme. Tú me atrapas cuando me caigo, y me vuelves a levantar.

Cuando estoy débil y humildemente me rindo a ti, Tú demuestras tu fortaleza. ¡Muévete, Señor!

LA PALABRA DE DIOS

Porque no tenemos un sumo sacerdote incapaz de compadecerse de nuestras debilidades, sino uno que ha sido tentado en todo de la misma manera que nosotros, aunque sin pecado.

HEBREOS 4:15 (NVI)

El Señor mismo marchará al frente de ti y estará contigo; nunca te dejará ni te abandonará. No temas ni te desanimes.

DEUTERONOMIO 31:8 (NVI)

Así mismo, en nuestra debilidad el Espíritu acude a ayudarnos. No sabemos qué pedir, pero el Espíritu mismo intercede por nosotros con gemidos que no pueden expresarse con palabras.

ROMANOS 8:26 (NVI)

También en este segundo día marcharon una sola vez alrededor de la ciudad, y luego regresaron al campamento. Así hicieron durante seis días. El séptimo día, a la salida del sol, se levantaron y marcharon alrededor de la ciudad tal como lo habían hecho los días anteriores, solo que en ese día repitieron la marcha siete veces.

JOSUÉ 6:14-15 (NVI)

Querido Dios, Amarrada

Me siento tan... restringida, tan amarrada. Siento que llevo el peso del mundo sobre mis hombros. En cuanto intento descargar una parte de este lío en alguien más, surge otra racha de locura, alguien no hace lo que le corresponde, o algo sale mal...A veces pareciera más fácil hacerlo todo yo misma.

Pareciera así, hasta que empiezo a depender del café y no duermo. Entonces todos empiezan a decirme que estoy gruñona. ¡No creo que esta estrategia me esté ayudando a ganar concursos de popularidad! Les digo que estoy bien; pero sé que no lo estoy. Este estrés... esta confusión... este ritmo agotador... esto no puede ser tu voluntad para mí.

Tú dijiste que llevara tu yugo sobre mí, y hallaría descanso. ¡Eso es lo que quiero hacer! Realmente no creo poder cargar ni una pluma encima de los cachivaches que llevo sobre mis hombros en este momento.

Pero Tú no estás tratando de agregar nada. Quieres hacer un trueque. Quieres mi yugo a cambio del tuyo. ¿Pero qué es exactamente tu yugo?

Tu yugo es confiar en ti en todas las situaciones que creo que *yo* debo arreglar.

Tu yugo es extender gracia a todas esas personas que realmente yo preferiría difamar y criticar.

Tu yugo es tener paciencia con las cosas lentas de la vida: el tráfico lento, la respuesta lenta, la fila lenta y el servicio al cliente lento.

Tu yugo es humildad: darle a otros la oportunidad de hacer lo correcto. Después de todo, yo mismo necesito esa oportunidad en tantas áreas de mi propia vida.

Tu yugo es compasión: sentir pena por otros y no solamente por mí misma.

Tu yugo es amar a las personas desagradables. He estado obligando a todos a lidiar con mis problemas; ya es hora de que devuelva el favor.

Tu yugo es seguirte a ti en lugar de salir y esperar que te encuentres conmigo donde quiera que yo decida ir.

Tu yugo es pedirle a alguien que haga algo en lugar de darle órdenes.

Tu yugo es soltar mis cachivaches, mi control, mi carga, mi temor y todo el peso de las preguntas que creo que debo contestar yo misma.

Es dejar cada una de las cosas que creo que debo hacer y simplemente llevar tu yugo.

Has prometido llevar esta carga... pero no lo harás hasta que yo te la entregue.

A cambio, me darás amor, compasión, gracia, paciencia, humildad y confianza. Estas son las cosas que a mí me toca llevar mientras Tú tomas mis penas, mi estrés, mi confusión, mi frustración, mi shock cuando sucede lo inesperado y mi desconcierto.

¡Este trueque es asombroso! No puedo creer que no había aceptado esta oferta antes. Hoy, Dios Padre, tomo tu yugo y te entrego el mío.

LA PALABRA DE DIOS

Venid a mí todos los que estáis trabajados y cargados, y yo os haré descansar.

Llevad mi yugo sobre vosotros, y aprended de mí, que soy manso y humilde de corazón; y hallaréis descanso para vuestras almas.

MATEO 11:28-29

No se preocupen por nada; más bien, en toda ocasión, con oración y ruego, presenten sus peticiones a Dios y denle gracias.

FILIPENSES 4:6 (NVI)

Humíllense, pues, bajo la poderosa mano de Dios, para que él los exalte a su debido tiempo. Depositen en él toda ansiedad, porque él cuida de ustedes.

1 PEDRO 5:6-7 (NVI)

Querido Dios,
No puedo arreglarlo

Estoy pensando en algo ahora mismo que ni siquiera sé cómo manejar. No puedo arreglarlo. No puedo hacer que desaparezca. No puedo repararlo y me siento indefensa, débil y vulnerable.

Débil... Cuando estoy débil, tu fortaleza se hace evidente. No puedo llegar a tu principio hasta que llegue a mi final. Si pudiera hacer que todo mejorara, lo haría; pero entonces no te necesitaría. Probablemente no te involucraría. Seguiría adelante con mi estúpido orgullo, tomando decisiones sin consultarte, porque "yo me las arreglo", como se dice por ahí.

Las cosas que no puedo arreglar son las cosas que nunca se suponía que arreglara. Fui creada para depender de ti para cada decisión, cada necesidad, cada deseo. Tú eres mi Proveedor para cada cosa que necesite. ¡Ya sea que necesite que cierres la boca de mi enemigo o toques mi cuerpo con sanidad, Tú eres quien provee! Si necesito alimento, favor, amistad o dinero, Tú provees. ¡Tu provisión no tiene límites!

¿Entonces, por qué? ¿Por qué siento que estoy atrapada entre la espada y la pared? ¿Por qué me da pánico cuando no sé qué hacer? Espera un momento. Sé lo que debo hacer. Se supone que te busque que vaya donde ti *primero*. Me recibes, aun cuando vengo a ti como mi tercera, cuarta o quinta opción. ¡Eres tan bueno conmigo! Vengo a ti con fragilidad y Tú me provees valor y fortaleza. Vengo a ti en ignorancia y Tú me das las respuestas a las preguntas que ni siquiera había pensado hacerte. Me acerco a ti quebrantada y confundida, y me colmas con claridad y valentía.

La valentía del León de la Tribu de Judá está de mi lado. Cuando te hago caso, tengo la confianza de que el Dios del cielo y de la tierra está cuidándome y dirigiendo mis pasos. Me das la seguridad de que a pesar de lo que vea con mis ojos, Tú estás obrando tras bambalinas para convertir lo que estaba diseñado para eliminarme en algo para incluirme.

Señor, no puedo arreglar esto, ¡pero Tú sí puedes hacerlo!

¡Yo me quito la responsabilidad de esta situación y lo pongo todo en tus manos fieles y capaces!

¡Gracias, Jesús, por estar a mi lado!

LA PALABRA DE DIOS

Es por esto que me deleito en mis debilidades, y en los insultos, en privaciones, persecuciones y dificultades que sufro por Cristo. Pues, cuando soy débil, entonces soy fuerte.

2 CORINTIOS 12:10 (NTV)

Así que mi Dios les proveerá de todo lo que necesiten, conforme a las gloriosas riquezas que tiene en Cristo Jesús.

FILIPENSES 4:19 (NVI)

Así que no se preocupen diciendo: "¿Qué comeremos?" o "¿Qué beberemos?" o "¿Con qué nos vestiremos? Los paganos andan tras todas estas cosas, pero su Padre celestial sabe que ustedes las necesitan. Más bien, busquen primeramente el reino de Dios y su justicia, y todas estas cosas les serán añadidas.

MATEO 6:31-33 (NVI)

Querido Dios, Primero la adoración

Desde que me levanto siento que estoy atrasada: ¡Date prisa! ¡Corre! ¡Vamos!

¿Desayuno? No hay tiempo.

¿Hacer ejercicio? Lo haré antes de irme a cama.

¿Orar? En el carro cuando vaya de camino.

Debes desempeñarte bien. No decepciones a nadie. Debes mejorar. Debes estar preparada. Vamos, vamos, ¡vamos!

Sin embargo, lo que Tú quieres es tenerme a mí, una conversación conmigo; escuchar lo que está en mi corazón. Quieres que te cuente que apenas me mantengo a flote. Anhelas tirarme un chaleco salvavidas de paz, felicidad y sabiduría más allá de lo que yo pudiera imaginar.

¿Por qué? ¿Por qué no te adoro antes de ponerme a trabajar?

Marta hizo lo mismo en Lucas 10. Ella se estaba alistando para la reunión: sacó los panecillos del desayuno y preparaba su agenda. Tenía su lista de quehaceres, su agenda de trabajo estaba actualizada, y había terminado de hacer anotaciones en su diario. El mundo nos presiona a una velocidad de vértigo cada día. Todo gira alrededor de la planificación, de establecer metas y de la productividad.

Todas esas cosas son buenas. Pero en realidad no podemos ser productivos sin el Creador del Universo a nuestro lado. ¡Si estamos preparándonos sin involucrar a Dios, puede que nos estemos preparando para las cosas equivocadas!

Marta se preparó. Consiguió la comida. Cumplió con su obligación. Ella estaba muy frustrada con María, y se lo contó todo a Jesús. Ella sollozó: "¡María no me está ayudando y yo estoy haciendo todo el trabajo! ¡No puedo hacer todo esto sola!".

Jesús básicamente le dice a Marta: "Nunca te pedí que lo hicieras sola, cariño. Simplemente te adelantaste".

Si me falta paz, probablemente es porque me olvidé de adorarte antes de ponerme a trabajar. Si espero hasta el final del día, no te doy lo mejor; te doy lo que sobra. Necesito ponerte primero, antes de que me vengan las distracciones. Necesito tu opinión. Después de todo, quizá incluso mi meta pueda ser correcta, pero en el momento equivocado. Quizás yo estoy haciendo planes para algo que Tú no has planeado.

¿Cuál es tu plan, Dios?

Quiero estar consciente de ti. Quiero concentrarme intencionalmente, relajarme y volver a tener control de mi mente. Estás tratando de decirme algo, pero... ¿estoy escuchando realmente? Dios, Tú ya tienes un gran plan para mí. Rehusaré escuchar toda la otra bulla. ¡Yo elijo!

LA PALABRA DE DIOS

> Mi fortaleza y mi canción es el Señor, y ha sido para mí salvación; este es mi Dios, y le glorificaré, el Dios de mi padre, y le ensalzaré.
>
> ÉXODO 15:2 (LBLA)

> Ya que han resucitado con Cristo, busquen las cosas de arriba, donde está Cristo sentado a la derecha de Dios. Concentren su atención en las cosas de arriba, no en las de la tierra,
>
> COLOSENSES 3:1-2 (NVI)

> Ciertamente el bien y la misericordia me seguirán todos los días de mi vida, y en la casa del Señor moraré por largos días.
>
> SALMOS 23:6 (LBLA)

Querido Dios, Quiero tener el control de nuevo

Esa señora gruñona en la caja registradora me tiene los nervios de punta. ¿Y puedes creer cuán lento estaba ese semáforo rojo? ¡Es absurdo!

¡Espera! ¿Estoy permitiendo que un perfecto extraño (ejem… un extraño imperfecto) y aun objetos inanimados, como un semáforo, determinen mi felicidad? ¡No creo que a esa gente le importe mis sentimientos! ¿Viste que feo me miraba ella? ¡Ni siquiera la conozco! ¡No quiero que su mala cara determine si voy a tener un buen día!

¡Eso es! ¡TOMARÉ NUEVAMENTE EL CONTROL de mi felicidad! Es una decisión, no un sentimiento. *Es un clic en mi corazón y en mi mente, no un momento mágico cuando todo me sale bien.* ¡Si mi felicidad depende de que todos los demás hagan lo correcto… estoy frita! ¡Se acabó el juego!

¡Voy a tomarla de nuevo! ¡La felicidad es mía! Puedo ser feliz en CUALQUIER LUGAR, bajo cualquier circunstancia, si estoy en ti y Tú en mí. No estoy sola. Y, honestamente, he visto personas más felices que yo, ¡bajo circunstancias peores que las mías!

Si ellos pueden estar felices en situaciones tan feas, yo puedo cambiar la cara de enojo por una cara feliz. ¡La expresión en mi cara y mi actitud positiva es prueba de que mi amor y mi fe en ti son incondicionales!

La verdadera felicidad no depende de dónde vivo o con quién ando. El gozo verdadero no viene de una cantidad de dinero o del número de "seguidores". A pesar de cómo se sienta mi cuerpo, cómo me trate la gente, cuán desordenada esté mi casa, ¡o lo mal que funcione mi carro… el gozo verdadero viene de creer que Tú eres quien dices que eres!

¡Llegó la hora! ¡No voy a dejar que mis emociones me controlen más! ¡Voy a controlarlas yo! ¡Y eso me llevará al lugar más poderoso en mi vida! ¡El gozo del Señor es mi fortaleza! ¿Prefiero la felicidad que depende de "ellos" o el gozo que depende de TI? ¡Escojo la segunda opción!

Tú sabes cómo va a terminar todo. ¿Si Tú no estás preocupado…por qué he de estarlo yo? ¡Eso es una tontería de la cual vale la pena reírse! Renuncio a mi ceño fruncido y le doy la vuelta. ¡Es hora de ponerme la corona de felicidad! ¡Permitiré que el poder de tu manera de obrar me dé la fortaleza que siempre he querido!

¡Tengo nuevamente el control!

LA PALABRA DE DIOS

Aunque la higuera no florezca, ni haya frutos en las vides; aunque falle la cosecha del olivo, y los campos no produzcan alimentos; aunque en el aprisco no haya ovejas, ni ganado alguno en los establos; aun así, yo me regocijaré en el SEÑOR. ¡Me alegraré en el Dios de mi salvación!

El SEÑOR y Dios es mi fuerza; da a mis pies la ligereza de una gacela y me hace caminar por las alturas.

HABACUC 3:17-19 (NVI)

Honor y majestad lo rodean; fuerza y gozo llenan su morada.

1 CRÓNICAS 16:27 (NTV)

El que está en el trono de los cielos se ríe; el Señor se burla de ellos.

SALMOS 2:4 (NVI)

Querido Dios,
Estoy tan avergonzada

¡No sé qué voy a hacer si ellos se enteran! No les puedo decir. DE NINGUNA MANERA van a entender. Creo que incluso tal vez ya lo sepan. ¿Cómo puedo mirarlos a la cara? No era mi intención… no se suponía que ocurriera… no pude evitarlo. ¡Yo misma aun no lo puedo creer!

Yo no soy así. Yo ERA así. Pero ya no soy así. No estoy segura de que alguien más crea eso.

Siento que la gente me está mirando cuando entro a algún sitio. No se suponía que algo así formara parte de mi historia. ¿Por qué se quedan mirándome? ¡Estoy consternada por todo esto y petrificada al pensar que las cosas solo puedan empeorar!

Traigo esto ante ti. Sé que me has perdonado, aunque creo que yo misma no he podido perdonarme a mí misma del todo. TU comprensión, de alguna manera, es más fácil de aceptar que sus miradas vacías. TU perdón es rápido y profundo, es como un tsunami que se precipita sobre mí en cuanto abro las compuertas del arrepentimiento.

Pero ELLOS…

Necesito tu ayuda para dominar este "juego de la vergüenza". Tú me creaste, enviaste a Jesús a morir por mí y me diste tu perdón, y no lo hiciste para que yo me escondiera de todo el mundo el resto de mi vida. Tú no me avergüenzas y no quieres que la vergüenza me deje incompleta.

De alguna manera tomas lo que debería causar vergüenza y lo conviertes en honor. Como convertiste el agua en vino. Las leyes físicas no lo permitían, pero eso no te detuvo. Es la promesa que me has hecho.

- Pensé que era mi lápida, pero la convertiste en un escalón.
- Pensé que era mi fin, y de alguna manera lo convertiste en mi principio.
- Pensé que me quedaría incompleta, y de algún modo ¡mi vida nunca será igual debido a tu gracia!

Tú cierras la boca de los leones. Tú elevas al humilde. Le diste mi vergüenza a Jesús para que la llevara en la cruz. Y. a cambio, yo tomo Su abrigo de honor y lo llevo sobre mis hombros. No lo merezco.

Y eso es lo hermoso de ti. Tomas al contrito y al indigno y lo cubres con una gracia que no puedo comprender. Me otorgas un honor que borra mi vergüenza, que no tiene sentido, excepto para ti.

¡Gracias Padre! ¡Ayúdame a ser más como Tú!

LA PALABRA DE DIOS

En lugar de vuestra doble confusión y de vuestra deshonra, os alabarán en sus heredades; por lo cual en sus tierras poseerán doble honra, y tendrán perpetuo gozo.

ISAÍAS 61:7

como está escrito: He aquí pongo en Sion piedra de tropiezo y roca de caída; Y el que creyere en él, no será avergonzado.

ROMANOS 9:33

puestos los ojos en Jesús, el autor y consumador de la fe, el cual por el gozo puesto delante de él sufrió la cruz, menospreciando el oprobio, y se sentó a la diestra del trono de Dios.

HEBREOS 12:2

Por tanto, yo te aconsejo que de mí compres oro refinado en fuego, para que seas rico, y vestiduras blancas para vestirte, y que no se descubra la vergüenza de tu desnudez; y unge tus ojos con colirio, para que veas.

APOCALIPSIS 3:18

Querido Dios,
El retraso de un sueño

Estoy muy emocionada por la manera en que todo está marchando. Escuché tu voz. Recibí la idea. El sueño ha resucitado y la puerta empezó a abrirse. ¡Estaba tan entusiasmada!

Pensé que las cosas iban a suceder en cualquier momento… digo, en cualquier momento… quizá incluso ahora mismo. ¡Bueno, AHORA…! Porque, honestamente, pensé que ya a estas alturas habría sucedido… o incluso el mes pasado.

Este sueño pareciera estar "retrasado". Sembré la semilla. Estoy creyendo en ti. Regué la semilla con fe y oración. ¿Qué está sucediendo?

Me pregunto si Noé se habrá sentido igual cuando le dijiste que construyera el arca. ¡Un sueño para sacudir al mundo! No puedo imaginarme cuán emocionado estaría él cuando supo que esta visión, este deseo, y este llamado en su vida a construir el primer barco, iba a suceder.

Y entonces, según la tradición judía, él sembró las semillas de los árboles que crecerían y proporcionarían la madera que luego cortaría para construir el barco. ¡Un momento! ¡Ese es un sueño con un atraso de varias décadas! ¿Esperar a que los árboles crezcan? ¡Yo quiero un sueño prefabricado!

¿Qué fue lo que él hizo mal? ¿Lo estabas castigando? ¿Acaso Noé te había hecho enfadar? No. La Biblia no dice nada de eso. Esto era simplemente parte del proceso.

Noé hizo todo lo que Tú le ordenaste, incluyendo ser paciente durante el proceso y no desanimarse mientas las cosas se desarrollaban.

Quizá eso es lo que yo necesito hacer. En lugar de pensar en todas las cosas que pueden haber salido mal cuando las cosas no marchan tan rápida y fácilmente como pensé... necesito simplemente confiar en que Tú sabes cuál es el momento oportuno.

Sé que estas de mi lado. Sé que estás haciendo cosas para mí, sea que las pueda ver o no. ¿Entonces por qué me estoy poniendo ansiosa? Eres un Dios que está justo a tiempo, en el tiempo CORRECTO.

Si hay un atraso, es porque estás resolviendo algo, haciendo que crezcan árboles grandes, preparando las cosas, ¡mejorando las cosas!

Tú no retrasas los sueños. Me preparas y me entrenas desde que nace la semilla del sueño para que no solo tenga el sueño, ¡sino que me pueda QUEDAR con el sueño! Dios, gracias por ayudarme a entender que una cosecha grande toma tiempo en crecer.

LA PALABRA DE DIOS

Hazte un arca de madera de gofer; harás aposentos en el arca, y la calafatearás con brea por dentro y por fuera. Y de esta manera la harás: de trescientos codos la longitud del arca, de cincuenta codos su anchura, y de treinta codos su altura.

GÉNESIS 6:14-15

Y Noé hizo todo según lo que Dios le había mandado.

GÉNESIS 6:22 (NVI)

El Señor no tarda en cumplir su promesa, según entienden algunos la tardanza. Más bien, él tiene paciencia con ustedes, porque no quiere que nadie perezca, sino que todos se arrepientan.

2 PEDRO 3:9 (NVI)

Diles, por tanto: Así ha dicho Jehová el Señor: No se tardará más ninguna de mis palabras, sino que la palabra que yo hable se cumplirá, dice Jehová el Señor.

EZEQUIEL 12:28

Querido Dios, No siento el amor

Dicen que estás aquí, pero no te siento, digo... de verdad. ¿Qué debo hacer para "sentir el amor"? Sé que no me abandonarías, soy yo la que me alejo de ti. No quiero quedarme aquí sin ti. ¿Puedo hacer que me ames otra vez?

¡Pero la verdad es que nunca puedo alejarme del amor de Dios! Puedo alejarme de tu voluntad, o alejarme de tu bendición. Puedo alejarme de tu camino, ¡pero tu amor me sigue DONDE QUIERA QUE VAYA!

El hijo prodigo tomó todo lo que tenía y dejó a su padre. Él puede haber dejado a su padre, pero el amor de su padre nunca lo dejó a él. Aun cuando el hijo tocó fondo, su padre estaba esperando que regresara a casa. No para burlarse. No para ridiculizarlo... sino para restaurarlo.

¿No les parece raro que el hijo que se quedó en casa todo el tiempo tampoco "sintió el amor"? Este debe ser un truco normal del enemigo. Él tenía quien lo cuidara, quien lo sostuviera, y llevaba una buena vida. Y de algún modo, estaba celoso cuando su hermano regresó a casa y recibió atención.

¿Es eso lo que hago yo, Dios? ¿Creo que no me amas porque me parece que tratas a otras personas mejor que a mí? ¡Qué lío! ¡Vaya! ¡No quisiera ser ese tipo de persona!

Dijiste que nada debilitaría tu amor por mí. Ni los celos, ni la estupidez. Ni el pecado. Ni el abismo de tiempo o espacio. Me vas a amar a través de todo eso, aunque yo no lo sienta.

El amor no es un sentimiento, es una realidad en cuanto a ti se refiere. El amor es en lo que debo estar arraigada y cimentada. ¡Cuando estoy anclada en tu amor (sea que lo sienta o no), ese amor me da poder!

El poder para ser más como Tú, el Dios de amor. El poder para amar más como Tú, y ayudar a otros a sentirlo. El amor es lo que he estado deseando, y es la misma cosa que me estás pidiendo que dé. Lo que doy, recibo. ¡Un momento! ¡Si doy tu amor... empezaré a sentir tu amor!

Me he estado enfocando en mí misma... cuando, en realidad, se trata de tus otros hijos. ¡Cuando me enfoco en tus otros hijos, yo también recibo lo que quiero! ¡Eres asombroso! ¡Dios, ayúdame a amar más como tú!

LA PALABRA DE DIOS

Aunque cambien de lugar las montañas y se tambaleen las colinas, no cambiará mi fiel amor por ti ni vacilará mi pacto de paz, dice el Señor, que de ti se compadece.

ISAÍAS 54:10 (NVI)

Y el hijo le dijo: «Padre, he pecado contra el cielo y ante ti; ya no soy digno de ser llamado hijo tuyo». Pero el padre dijo a sus siervos: «Pronto; traed la mejor ropa y vestidlo, y poned un anillo en su mano y sandalias en los pies; y traed el becerro engordado, matadlo, y comamos y regocijémonos; porque este hijo mío estaba muerto y ha vuelto a la vida; estaba perdido y ha sido hallado». Y comenzaron a regocijarse.

LUCAS 15:21-24 (LBLA)

Pues estoy convencido de que ni la muerte ni la vida, ni los ángeles ni los demonios, ni lo presente ni lo por venir, ni los poderes, ni lo alto ni lo profundo, ni cosa alguna en toda la creación podrá apartarnos del amor que Dios nos ha manifestado en Cristo Jesús nuestro Señor.

ROMANOS 8:38-39 (NVI)

Querido Dios,
No quiero esperar

¡Espera!

¡Date prisa y espera!

¡Espera tu turno!

Voy a ser honesta: no me gusta esperar. ¡Escojo la fila más corta en el supermercado a propósito! ¡Nadie tiene tiempo para perder en una fila!

¿Por qué esperar? ¿Por qué no ahora? Estoy lista. ¡De verdad, DEMASIADO LISTA!

Estoy lista para ese trabajo. Estoy más que lista para esa casa. Dios, realmente puedo manejar esa relación, ahora mismo. ¡Mi cuerpo necesita ser sanado, AHORA! Necesito lo que viene después. ¡Es mi turno! Ahora mismo estoy dando vueltas, volviéndome loca… solamente esperando.

Hablando de vueltas, ¿por qué los israelitas tuvieron que caminar alrededor de Jericó siete veces antes de que cayeran los muros? ¿No pudo haber sucedido después de la primera vuelta? Simplemente se necesitaba más tiempo. Más alabanza. Más fe. ¡Oye! ¡Espera un momento!

Mi televisión puede ofrecer películas a la carta, pero mi Dios no es así. No eres un servicio de entrega de comidas a mi entera disposición. Eres el Creador del universo, tan misericordioso como para tener una conversación conmigo, uno de los ocho billones de seres humanos. Creo que mi perspectiva estaba un poco errada.

Gracias por escucharme cuando oro. Verdaderamente, no puedo creer que te tomes el tiempo y el esfuerzo de mover las cosas en la tierra a mi favor. No me debes nada... y yo te debo, bueno, todas las cosas, incluyendo este momento.

Perdóname por olvidar cuán especial es nuestra relación. Si me tienes en un circuito de espera de aterrizaje, es porque no es seguro aterrizar. Tú piensas en el panorama completo. Yo solo tengo el "ahora mismo" en mi mente.

Esperar. ¿Quieres que espere? Lo haré, con el enfoque ajustado y una actitud afinada. Dios, gracias por hacer por mí mucho más de lo que puedo percibir. No eres perezoso, eres sabio. Esperaré para recibir esa sabiduría.

Esperaré y te alabaré. Esperaré con mis manos levantadas en una hermosa mezcla de rendición y expectativa. Esperaré en el Dios que no falla. ¡Esperaré con grandes expectativas y mi confianza arraigada en ti!

¿Sabes qué? Me acabo de dar cuenta que esperar en ti no es tan malo. No dejaré que el tictac del reloj sea más importante que mi Dios. ¡Eres mi Padre y estas solucionándolo todo para mí!

LA PALABRA DE DIOS

> Por la fe cayeron las murallas de Jericó, después de haber marchado el pueblo siete días a su alrededor.
>
> HEBREOS 11:30 (NVI)

> Bueno es el SEÑOR para los que en Él esperan, para el alma que le busca.
>
> LAMENTACIONES 3:25 (LBLA)

Querido Dios,
En un abrir y cerrar de ojos

¡No puedo creer que se hayan ido! Parece un sueño, y ni siquiera estoy segura de cómo me siento. Un poco aturdida. Como si no fuera real. Después vienen las lágrimas. Como si me hubieran quitado algo. Después, una tendencia a cobrar ánimo y ser fuerte. Parece como si estuviera tratando de apoyarme en mi propia fuerza, pero es fingida. ¡Y quizá... también estoy un poco enojada!

Todo esto te parecerá un poco raro. Digo, sé que el Cielo es el lugar más hermoso que existe. Sé que están viviendo en un lugar sin enfermedad, sin odio, sin dolor... donde ni siquiera oscurece de noche. ¡La temperatura siempre es perfecta! El cuerpo de ellos ha sido glorificado y ni siquiera tienen que ir al gimnasio. ¡Y qué hablar de la cena de las bodas del Cordero! ¡Poder comer toda esa comida sin tener que hacer ejercicio!

Bueno, esa fue una pausa cómica. Pero ya los extraño otra vez. ¡No puedo creer que los haya perdido! Pero no los he "perdido"; ¡sé exactamente donde están! ¡Estar ausente del cuerpo es estar presente con el Señor! ¡Están en el cielo contigo! Nunca he estado allí, así que, es difícil para mí imaginarme ese sitio.

Pero el cielo es REAL. Nunca he estado en Timbuktú, pero es real.. con postres, museos y cafés. Nunca he estado en la Antártida, pero está lleno de témpanos de hielo, glaciares y pingüinos.

Que yo no lo haya visto no significa que no sea real. Ahora es cuando debo confiar en ti para cuidar de ellos mejor que yo. Pero, ¿quién va a cuidar de mí? Ah, sí. Tú. Está bien, me estoy sonrojando. ¡Ya debería saber eso!

Los voy a extrañar demasiado, pero no es un adiós para siempre. ¡Es como si se hubieran mudado a la Antártida, solo que es más cálido y hermoso porque es el CIELO! Ellos se han mudado y los veré otra vez, cuando yo me mude. Pero faltan varios años para eso.

Yo puedo hacerlo, Señor. Puedo confiarte mis preciosos seres queridos hasta que yo vaya a verlos otra vez. Lo raro es que ellos ni siquiera tendrán la oportunidad de extrañarme. Un día en el cielo es como mil años en la tierra. ¡Para ellos, estaré allá en un abrir y cerrar de ojos! Así es cuánto los amas. ¡Ellos lo tienen todo! Te tienen a ti en el cielo.

Nada de esto te tomó por sorpresa. Has estado construyendo una casa para ellos en el cielo, consiguiendo los muebles perfectos, y preparando todo para su llegada. Has estado esperando este momento especial cuando ellos puedan ir a estar contigo.

Gracias, Jesús, por cuidar a las personas que amo. Diles que los extraño y que yo estaré allí antes de que ellos puedan parpadear. Y, Señor, ayúdame a apoyarme en ti cuando los extrañe. Quiero terminar con éxito todo lo que me has llamado a hacer en la tierra. ¡Confío en ti!

LA PALABRA DE DIOS

pero confiamos, y más quisiéramos estar ausentes del cuerpo, y presentes al Señor.

2 CORINTIOS 5:8

Pero, amados, no ignoréis esto: que para el Señor un día es como mil años, y mil años como un día.

2 PEDRO 3:8 (LBLA)

Ya no habrá noche; no necesitarán luz de lámpara ni de sol, porque el Señor Dios los alumbrará. Y reinarán por los siglos de los siglos.

APOCALIPSIS 22:5 (NVI)

Él les secará toda lágrima de los ojos, y no habrá más muerte ni tristeza ni llanto ni dolor. Todas esas cosas ya no existirán más.

APOCALIPSIS 21:4 (NTV)

Querido Dios,
Sabor de montaña

Siento como si estuviera en un valle rodeado de montañas, y he tenido que escalar cada una de ellas para llegar aquí.

Cuando echo un vistazo en el valle, lo veo lleno; lleno de gente mejor que yo, más activa que yo, más talentosa que yo y más determinada que yo. Me siento como una hoja en medio de un bosque enorme. ¿Cómo? ¿Cómo? ¿CÓMO puede ser que Tú me VEAS a mí...y más aun, te intereses en mí?

La Biblia dice que eres un labrador y habla acerca de las vides y los vinos. Eres el Viñador. Tú me has adornado. Es una realidad. Me has dado las vestiduras de justicia. Eres mi gloria y el que levanta mi cabeza. Te he visto en momentos en mi vida en que pensaba que estaba sola. Pero me has cubierto y has estado allí para levantarme.

Es tan fácil olvidarme, mientras estoy tirada en el suelo, sintiéndome insignificante, que no lo soy. Cuando estoy en el suelo, vienes y me levantas. ¿Por qué? Para cuidarme y ayudarme a volverme la persona que quieres que sea (y no lo que quieres que sea mi vecino). Necesito detenerme y pensar acerca de esto por un minuto.

Cada lugar de la montaña produce un sabor un poco diferente en la uva. La exposición al sol, o a tu Hijo, la tierra en la que se plantó, lo rocoso y la acidez del terreno, los vientos de adversidad... todo esto afecta el SABOR.

Tú me hiciste con un sabor especial obtenido a partir de las montañas por donde he pasado. Los lugares donde he estado. Los vientos y las lluvias que he soportado contigo. Cada vida, cada historia, cada persona tiene un sabor único y diferente. Por eso hay tantos viñedos en una región. El sabor es diferente. Parecen ser iguales, ¡pero el producto, el sabor, es único, especial y deseable!

¡Estoy lista para la próxima parte de mi jornada! ¡Estoy lista para todos los nuevos sabores que estás añadiendo a mi vida!

LA PALABRA DE DIOS

Yo soy la vid verdadera, y mi Padre es el labrador. Toda rama que en mí no da fruto, la corta; pero toda rama que da fruto la poda para que dé más fruto todavía.

JUAN 15:1-2 (NVI)

¡Me llené de alegría en el Señor mi Dios! Pues él me vistió con ropas de salvación y me envolvió en un manto de justicia. Soy como un novio vestido para su boda o una novia con sus joyas.

ISAÍAS 61:10 (NTV)

¡Te alabo porque soy una creación admirable! ¡Tus obras son maravillosas, y esto lo sé muy bien!

SALMOS 139:14 (NVI)

Querido Dios,
Luchando con Dios

Mira, no hace falta que seas tan duro. Entiendo la diversión en jugar a las luchitas. Todo es diversión hasta que alguien sale lastimado. Tal parece que yo soy ese "alguien". ¡*Tío,* vamos ya, suéltame!

A veces, prefiero no orar porque tengo miedo de lo que puedas decir. Yo escucho lo que estás diciendo... pero no siempre le encuentro el sentido.

No me diste la respuesta que yo quería, entonces le pregunté a una amiga. No me dio ninguna respuesta, así que le pregunte a otra amiga. Me dijeron, "haz lo que Dios te está diciendo que hagas." ¡¡¡Bueno, eso es GENIAL!!! Ahora, ya no tengo más amigos a quien preguntarle. ¡Supongo que finalmente tendré que hacer lo que me estás pidiendo que haga!

Lo entiendo: Debo estar dispuesta y receptiva a lo que Dios quiere para mí. Dios nunca te llevará a lo menos, ¡siempre te llevará a mucho MÁS!

Tu camino siempre va a ser mejor que mi camino. Si pudiera dejar de luchar contigo por un momento... quizá me mostrarías por qué. Dios, siempre tienes tus razones. Sencillamente no siempre puedo verlas.

Si Jacob hubiera vencido cuando luchaba en el vientre, hubiera nacido en el orden equivocado. El *mayor* servirá al *menor*. Él hubiera recibido lo que él PENSABA que quería y hubiera perdido su bendición.

¡Algunas veces parece que perdemos... *cuando en realidad GANAMOS!* Por eso debo someterme a ti y no pelear tanto contigo. Jacob también luchó bastante contigo.

Viniste a bendecirlo y él luchó contigo de todas maneras. Él peleó por rebeldía y terminó cojeando. Él podría haber directamente recibido lo que tenías para él. ¡No quiero cojear por rebeldía! ¡No quiero pelear contigo cuando estás tratando de bendecirme!

Puedo humillarme o ser humillada. No voy a continuar tratando de conseguir lo que quiero, diciendo que me estoy sometiendo mientras que, en el fondo, aún estoy tratando de cambiar las cosas a mi alrededor. No voy a fingir que no puedo oírte.

Quieres lo mejor para mí; algo mucho mejor de lo que yo misma quiero para mí. Así que, hoy me rindo. ¡Escojo tu camino, Dios! ¡Tu maravilloso camino!

LA PALABRA DE DIOS

Y ahora, que el Dios de paz —quien levantó de entre los muertos a nuestro Señor Jesús, el gran Pastor de las ovejas, y que ratificó un pacto eterno con su sangre— los capacite con todo lo que necesiten para hacer su voluntad. Que él produzca en ustedes, mediante el poder de Jesucristo, todo lo bueno que a él le agrada. ¡A él sea toda la gloria por siempre y para siempre! Amén.

HEBREOS 13:20-21 (NTV)

Por tanto, ya que Cristo sufrió en el cuerpo, asuman también ustedes la misma actitud; porque el que ha sufrido en el cuerpo ha roto con el pecado, para vivir el resto de su vida terrenal no satisfaciendo sus pasiones humanas, sino cumpliendo la voluntad de Dios.

1 PEDRO 4:1-2 (NVI)

Y el Señor le dijo: Dos naciones hay en tu seno, y dos pueblos se dividirán desde tus entrañas; un pueblo será más fuerte que el otro, y el mayor servirá al menor.

Y cuando se cumplieron los días de dar a luz, he aquí, había mellizos en su seno. Salió el primero rojizo, todo velludo como una pelliza, y lo llamaron Esaú. Y después salió su hermano, con su mano asida al talón de Esaú, y lo llamaron Jacob. Isaac tenía sesenta años cuando ella los dio a luz.

GÉNESIS 25:23-26 (LBLA)

Querido Dios,
No quiero que me veas ahora mismo

Lo siento, mi "FaceTime" no funciona.

No es cierto. Es que no quiero que me veas ahora mismo. No estoy lista. ¡En realidad... estoy hecha un desastre! (y no me refiero a mi pelo.)

Para ser honesta, he estado tratando de evitarte completamente porque no quiero que me veas así. No tengo las cosas bajo control. No estoy orgullosa de mí misma. Y no quiero que estés asqueado cuando me veas. Al verme, solo puedo sacudir mi cabeza. Ni siquiera me gusta lo que veo cuando me veo a mí misma.

Ahora entiendo por qué el hijo pródigo pensó que no podía regresar a casa. No puedo imaginarme cómo pudo ser capaz de vivir en un chiquero y robarse la bazofia de los cerdos para alimentarse. Mi situación es mala, pero nunca he estado así de hambrienta y sucia.

De todas maneras, él pensó que su papá no lo recibiría de nuevo... ¡pero sí lo hizo!

Supongo que eso es prueba de que Tú aún me aceptarías. Cuando el hijo se dirigía hacia su casa, su padre no le gritó y le dijo lo decepcionado que estaba. Él dejó todo lo que estaba haciendo y salió corriendo HACIA ÉL. El padre no estaba asqueado porque el hijo estaba sucio. Simplemente estaba feliz de que estaba en casa; tan feliz que le celebró una fiesta que no merecía.

¡Ese eres Tú! Tú relataste esa historia para ayudarme a entender cómo eres TÚ. Yo pensaba que eras sentencioso, como yo. Pero no eres así. No estás esperándome para gritarme cuando yo llegue. ¡Estás esperándome para abrazarme!

Jesús no fue a la cruz para mantenernos alejados. Él padeció todo mi pecado para que yo no tuviera que permanecer alejada de ti, por ninguna razón, incluyendo las cien razones en las que estoy pensando ahora. ¡No voy a desperdiciar un sacrificio tan enorme!

Jesús, gracias por morir para que yo pudiera vivir. Dios, gracias por perdonarme cuando yo no me perdonaba a mí misma. ¡Ya no quiero estar alejada de ti! ¡Voy de regreso a casa, Papito! Sé que me recibirás en el estado en que me encuentre. Sé que no me vas a dejar de la misma manera que me encontraste. Yo estaba hecha un desastre. Pero ahora, me has encontrado. ¡Estoy en CASA!

LA PALABRA DE DIOS

Por tanto, nosotros todos, mirando a cara descubierta como en un espejo la gloria del Señor, somos transformados de gloria en gloria en la misma imagen, como por el Espíritu del Señor.

2 CORINTIOS 3:18

Los que miraron a él fueron alumbrados, Y sus rostros no fueron avergonzados.

SALMOS 34:5

"Ya no merezco que se me llame tu hijo; trátame como si fuera uno de tus jornaleros". Así que emprendió el viaje y se fue a su padre.

Todavía estaba lejos cuando su padre lo vio y se compadeció de él; salió corriendo a su encuentro, lo abrazó y lo besó. El joven le dijo: "Papá, he pecado contra el cielo y contra ti. Ya no merezco que se me llame tu hijo". Pero el padre ordenó a sus siervos: "¡Pronto! Traigan la mejor ropa para vestirlo. Pónganle también un anillo en el dedo y sandalias en los pies".

LUCAS 15:19-22 (NVI)

Querido Dios,
El asiento del conductor

Necesito hablar contigo acerca de cómo van las cosas. Digo, estamos atrasados. Permíteme mostrarte. Aquí están mis metas y mi calendario. ¡No corresponden con lo que está sucediendo!

Debería estar más adelantada a estas alturas: Casada. Hijos. Casa. Carrera. Y no he mencionado, que ya debería verme muy bien en un traje de baño. Tracé un plan. He estado tratando de que el plan funcione. ¿Me escuchas? ¡Este no es el plan!

¡No sé qué pasó! Pensé que yo estaba al volante de mi vida. Pensé que lo tenía todo bajo control. Pero ahora que lo pienso, realmente, Jesús, Tú debes estar al volante y yo debo seguir tu dirección divina sin tratar de trazar mi propio rumbo.

¡Vaya! Con razón que no tengo paz. Ahora entiendo por qué esto parece ser tan difícil. Por fin entiendo por qué parece que avanzara muy bien en la autovía de la vida y, de repente, me veo obligada a dar una vuelta en U. Es porque estoy en el lugar del automóvil equivocado y voy a toda máquina, sin cederte el volante.

Seguir haciendo planes sin ti no va a arreglar las cosas. Eso ya lo he intentado. Eso simplemente te hace enojar. ¿Qué tiene que ocurrir para que te invite a la reunión de planificación? ¿Cómo pude pasar eso por alto?

No me diseñaste para poder ver el futuro. Eres el Alfa y el Omega. Estás tanto en mi futuro como en mi presente. Conoces cada curva del camino. Me has mostrado la ruta alrededor de los retos, las trampas y los baches. Pero la ruta solo funciona si la sigo.

Si insisto en seguir mi camino, es como si me estuviera poniendo delante de ti. Si trato de lograrlo por mí misma, es como si me estuviera exaltando. ¡Con mucho gusto me dejarás intentarlo… pero no me va a llevar a ningún lado!

Si puedo comprometerme a seguir el camino que tienes para mi vida (aunque sea una carretera que no reconozco) me guiarás a un buen lugar. Los planes que Tú tienes son mejores que cualquier plan que yo pudiera idear para mí mismo.

¡Está bien, Dios! Planifiquemos juntos el próximo año. ¿Qué tienes en mente?

LA PALABRA DE DIOS

Encomienda a Jehová tu camino, Y confía en él; y él hará.

SALMOS 37:5

Porque yo conozco los planes que tengo para ustedes —afirma el SEÑOR—, planes de bienestar y no de calamidad, a fin de darles un futuro y una esperanza.

JEREMÍAS 29:11 (NVI)

El corazón del hombre traza su rumbo, pero sus pasos los dirige el Señor.

PROVERBIOS 16:9 (NVI)

Querido Dios, Estoy enojada

ESTOY TAN ENOJADA ahora mismo. Quiero escupir, gritar, decir palabrotas (sé que no debo decir malas palabras, pero es que estoy enojada), y tener una rabieta. Digo, a *cualquiera* le pasaría con lo que ocurrió. NO fue justo. ¡No está bien!

Por una parte, quiero decirle al mundo entero que esa persona es un patán; por otra parte, quiero vengarme. Quiero asegurarme de que nunca más traten a alguien de esta manera. Yo *nunc*a haría algo así. Bueno, por lo menos no lo haría intencionalmente... o sin intención. ¡Simplemente, no lo haría! No soy ese tipo de persona.

¡Claro! Sé que he hecho cosas sin querer. A veces las palabras me han salido más fuertes de lo que deberían. Y hubo unas cuantas veces en que reaccioné muy rápido y un poco (solo un poco) desagradablemente. ¡Pero esto es diferente!

¿Por qué es diferente? ¡Es diferente porque… yo no hubiera hecho eso! Por lo menos, no de esa manera. ¡Es diferente porque me ocurrió a mí!

Ahora que lo pienso, he hecho cosas muy estúpidas en mi vida. Hay personas que tendrían "derecho" a estar enojadas conmigo... incluyéndote a ti. He hecho bastantes cosas para irritarte, a pesar de que *trato* de portarme bien. Me alegro tanto de que Tú no estás en el cielo pateando y gritando acerca de lo terrible que soy. ¡Detestaría eso!

Ahora veo cómo estoy permitiendo que el enojo me convierta en alguien que no quiero ser: alguien que también va a necesitar gracia y perdón.

Dios, si Tú te enojaras y perdieras los estribos conmigo, como lo estoy haciendo yo con esta persona... estaría perdida. Gracias por no hacerlo. Sé que para recibir tu gracia y tu perdón, necesito demostrar ese perdón y esa gracia a quienes preferiría gritarles. Obviamente no lo sé hacer tan bien como Tú.

¡Dios, ayúdame a calmarme! Ayúdame a caminar en esa paz que solamente viene de ti. Ayúdame a perdonar a esa persona (aunque me sea tan difícil decir la palabra "perdón").

¡Ayúdame a brindarle a esa persona la gracia que yo también quiero recibir de parte tuya… ¡No! ¡La gracia que NECESITO de ti! Dios, te entrego esta situación. Haz lo que quieras con esa persona y conmigo. Le doy el perdón que quiero recibir en mi vida. Es una semilla, Señor. Y creo que recibiré el mismo amor cuando no lo merezca.

LA PALABRA DE DIOS

Airaos, pero no pequéis; no se ponga el sol sobre vuestro enojo,

EFESIOS 4:26 (LBLA)

Por lo tanto, como pueblo escogido de Dios, santo y amado, revístanse de afecto entrañable y de bondad, humildad, amabilidad y paciencia, de modo que se toleren unos a otros y se perdonen si alguno tiene queja contra otro. Así como el Señor los perdonó, perdonen también ustedes.

COLOSENSES 3:12-13 (NVI)

Nunca paguéis a nadie mal por mal. Respetad lo bueno delante de todos los hombres. Si es posible, en cuanto de vosotros dependa, estad en paz con todos los hombres.

ROMANOS 12:17-18 (LBLA)

Querido Dios,
El desorden

Parece que todo el mundo comparte solamente las partes *bonitas* de sus vidas. Ya sabes, las "selfies" que se toman cuando todos están vestidos para la fiesta, cuando los regalos están envueltos y el árbol de navidad está decorado. Esos son los momentos perfectos que yo veo.

¡Algunas veces cuando comparo sus momentos maravillosos con mi desorden, me olvido de que la mayor parte de la vida no es perfecta para nadie! De hecho, cada foto perfecta en Pinterest probablemente tomó horas de preparación (sin mencionar las 19 fotos que salieron mal).

Cuando veo a otras personas con sus expresiones de felicidad y éxito, tengo la tendencia a frustrarme cuando me miro a mí misma y veo... bueno, ¡un tremendo desorden!

La vida se vuelve complicada para producir un momento milagroso. Los milagros no se manifiestan en los momentos perfectos. Tu poder se perfecciona en mi debilidad. Te mueves en las áreas en las que yo no puedo hacerlo. Y mientras yo veo una vida desordenada y caótica, Tú ves una oportunidad para hacer algo grande.

En realidad, es probable que, en medio de toda esta confusión, Tú ya estés obrando. Necesito relajarme. Confiar en ti.

Muchas veces, hay que hacer un desorden en el presente para prepararse para el futuro. Nunca se ha hecho una remodelación de una casa sin ensuciar y desorganizar las cosas primero. ¡Un desorden en la cocina simplemente significa que ya está a punto de servirse una buena comida! ¡Un closet desordenado simplemente me recuerda cuán bendecida estoy al tener tanto para compartir!

Voy a aprender a mirar más allá de mi desorden. Confiaré en ti y permitiré que lo que parece ser un caos me llene de energía. Te estás alistando para hacer tu aparición. Me tienes en plan de preparación. ¡Estás poniendo en marcha mi remodelación! Permitiré que este caos sea mi amigo. Permitiré que la preparación sea tan divertida como los resultados.

Ahora mismo tomo la decisión de disfrutar cada momento de locura de esta temporada. Sé que si hay un desorden en mi vida ahora mismo, ¡estás ocupado haciendo arreglos para que ocurra un tremendo milagro al final! Declaro, en el nombre de Jesús, ¡que mi futuro es más hermoso de lo que yo jamás hubiera podido soñar! Voy a saborear esta desorganización y preparación y considerarlo como una bendición.

Dios, voy a tomar una foto mental; ¡ésta será la foto de la preparación!

LA PALABRA DE DIOS

No nos hagamos vanidosos ni nos provoquemos unos a otros ni tengamos envidia unos de otros.

GÁLATAS 5:26 (NTV)

Cada vez él me dijo: «Mi gracia es todo lo que necesitas; mi poder actúa mejor en la debilidad». Así que ahora me alegra jactarme de mis debilidades, para que el poder de Cristo pueda actuar a través de mí.

2 CORINTIOS 12:9 (NTV)

No codiciarás la casa de tu prójimo; no codiciarás la mujer de tu prójimo, ni su siervo, ni su sierva, ni su buey, ni su asno, ni nada que sea de tu prójimo.

ÉXODO 20:17 (LBLA)

Querido Dios,
Adicta a la aprobación

A veces me hago la fuerte, como si yo pudiera encargarme de todo. Eso es una locura porque la mayoría de las veces ni siquiera sé de qué se trata. A veces, es un comentario desagradable en las redes sociales (¿por qué será que los usuarios de Facebook son tan malos? ¡Pensé que eran mis amigos!). ¡Estos comentarios son dolorosos! ¡Y cuando provienen de amigos —o aún peor de familiares— quedo destrozada!

¿Por qué será que me afecta tanto una sola conversación, palabra o comentario malintencionado (o aún peor, la falta de comentarios)? Me comporto como si tuviera al mundo en mi mano, como si tuviera el control. Me comporto como si sus palabras no me importaran. Pero es puro *teatro*. Significan mucho más de lo que yo quisiera. Siento como si esos comentarios confirmaran o negaran mi derecho a estar donde me encuentro hoy.

¡Mi necesidad de aprobación es tan errada!

No me has llamado a recibir la aprobación de *ellos*. De hecho, si de verdad hago lo que Tú quieres, seguramente voy a herir susceptibilidades.

Algunas personas se sorprenderán tanto y se sentirán tan amenazadas, que necesitaré que tu seas mi sostén para poder continuar.

¡Tú! ¡Eso es lo hermoso acerca de ti! Eres mi cobertura y mi fortaleza. Eres con quien hablo, a quien le cuento mis secretos, a quien busco en la multitud. Tú eres la única sonrisa y el único visto bueno que importa.

Yo puedo buscar la aprobación de mi mamá, de mi jefe, de mi maestro, de mi entrenador, de mi mentor o de mi esposo; pero quizá a ellos no les importa o no tienen suficiente valor para darme ánimo. No es porque no me amen; ellos, sencillamente, todavía no están listos para entender mi llamado.

Pero Tú sí. ¡Eres el que me llamaste de las tinieblas a tu luz admirable! ¡Tú! ¡La aprobación de la gente es algo que quiero, pero tu aprobación es algo que *necesito*!

Que tú me quieras a mí es como aire para mis pulmones y el sustento para poder continuar. Eres la energía que necesito para ser quien soy. No soy quien soy sin ti. ¡Soy quien soy por ti!

No sé si quiero ser vulnerable. Porque cada vez que lo he sido, las cosas no han salido bien. ¡Hasta que llegaste Tú! ¡Eres mi refugio, mi escondite, mi seguridad, mi fan, el que me anima! Tú crees en mí cuando nadie más lo haría.

¡En este momento, solo quiero darte las gracias! Gracias por ver más allá de la fachada. Gracias por amarme de todas maneras. Gracias por llamarme a ir más lejos de lo que yo hubiera pensado. Y, Señor, ¡ayúdame a ser todo lo que me has llamado a ser!

LA PALABRA DE DIOS

Diré yo a Jehová: Esperanza mía, y castillo mío; Mi Dios, en quien confiaré.

SALMOS 91:2

Mas vosotros sois linaje escogido, real sacerdocio, nación santa, pueblo adquirido por Dios, para que anunciéis las virtudes de aquel que os llamó de las tinieblas a su luz admirable;

1 PEDRO 2:9

¿Qué busco con esto: ganarme la aprobación humana o la de Dios? ¿Piensan que procuro agradar a los demás? Si yo buscara agradar a otros, no sería siervo de Cristo.

GÁLATAS 1:10 (NVI)

Querido Dios, Me hundo

Me sorprende que no me hayas escuchado tragando agua al saludarte. He estado tratando de mantener mi cabeza a flote… y ¡no estoy segura poder hacerlo!

He tratado por mucho tiempo de no hundirme, y parece que el agua sigue subiendo cada vez más. Me imagino cómo se sintió Pedro cuando estaba "empezando a hundirse". Estoy respirando, lo cual significa que no me he hundido… todavía. ¡Siento que estoy en las mismas circunstancias de Pedro!

Y aunque Pedro dejó de tener fe por un momento, no dejaste que se hundiera. ¡Derramaste tu misericordia y tu compasión cuando él clamó: "Señor Sálvame!"

Si eso funcionó para él, funcionará para mí. Clamo a ti ahora mismo: "¡Señor, Sálvame!"

Jesús, cuando Pedro gritó esas palabras, Tú no vacilaste. Viniste inmediatamente. Al suplicar con estas palabras, sé que estás conmigo, extendiendo tu mano para levantarme.

No dejarás que me caiga. Sé que te necesito. Sé que estás lleno de misericordia. Sé que moriste para que yo pudiera vivir. La Biblia dice que Tú me amaste primero. Aun cuando te fallo, y me fallo a mí misma, mi fracaso no nos separa. Simplemente, es una oportunidad para apoyarme en tu perdón y tu compasión. ¡Tu amor por mí es mucho más profundo que los problemas que me rodean!

Jesús, viniste a buscar y a salvar a personas como yo. ¡Necesito que me salves! Eres fiel. Tu fidelidad es incalculable. Ni siquiera sabes romper tus promesas.

Tú viniste —tu Palabra vino— para salvarme de situaciones como esta. Tu vida tenía un propósito: ¡SALVAR! Y también creaste mi vida con un propósito.

Mis brazos están abiertos. Mi fe está renovada y levanto mis brazos hacia ti. ¡Dios, gracias por salvarme!

LA PALABRA DE DIOS

Pero al ver el fuerte viento, tuvo miedo; y comenzando a hundirse, dio voces, diciendo: ¡Señor, sálvame!

Al momento Jesús, extendiendo la mano, asió de él, y le dijo: ¡Hombre de poca fe! ¿Por qué dudaste?

MATEO 14:30-31

Pues el Hijo del Hombre vino a buscar y a salvar a los que están perdidos.

LUCAS 19:10 (NTV)

Querido Dios, ¿Estoy luchando la batalla equivocada?

Pensaba que yo tenía la razón. Bueno, para ser honesta, aún no estoy segura de haber estado equivocada. Sin embargo, aquí estamos, metidos en este lío por el cual me gustaría culpar a alguien más. De hecho, en mi mente ya los he culpado. Pero cuando estamos solos —solo Tú y yo— lo sé bien.

Ya me has dicho lo que debo demostrar hacia los demás: honra, perdón, amor, bondad, obediencia. Pero luego las cosas se tuercen y pienso que *sé* cómo enderezarlas.

Entonces las cosas se van a pique y todo se vuelve un enredo. Creo que estoy luchando por ser la voz de la cordura en estas situaciones, pero no puedo ser la voz de la cordura y estar en la contienda al mismo tiempo. Necesito identificar las señales de la contienda. No me has llamado a ser portadora de contienda, a echarle leña al fuego o a ser la persona siempre dispuesta a pelear para arreglar la situación. La mayoría de las cosas no son tan importantes... no tengo que luchar ni ganar todas las peleas.

El que siempre quiere confrontar y está listo para pelear es quien también, con frecuencia, traerá confusión y dolor en una situación. Tú exiges que se expulse a ese tipo de persona. No quiero ser expulsado... verdaderamente, mi intención es ayudar.

Me dices que perdone. Que perdone cuando están equivocados. Que perdone cuando no reconocen su error. Que perdone cuando sus palabras están equivocadas (por lo menos en mi opinión). Mi deber no es arreglar todo, buscar la solución, o empujar una roca cuesta arriba. Mi deber es traer paz, hablar con amor, ayudar a sanar, y no simplemente ponerme de parte de alguien y causar división.

He tenido buenas intenciones pero usaba el método erróneo. Señor, gracias por ayudarme a entender que he estado haciendo daño en lugar de ayudar. Tu dirección amorosa me ayudará para poder ayudar a otros. Tu corrección evitará que la confusión y el dolor me tomen por sorpresa tan frecuentemente.

El enemigo me ha estado usando en contra de mí misma, tratando de mantenerme en un torbellino para ganar de la manera equivocada. Renuncio al plan de mi carne y escojo los instrumentos de amor, paz, entendimiento, sabiduría y perdón. ¡Ahora estoy armada para traer cambio de la manera correcta!

LA PALABRA DE DIOS

Echa fuera al escarnecedor y saldrá la discordia, y cesarán *también* la contienda y la ignominia.

PROVERBIOS 22:10 (LBLA)

Pedro se acercó a Jesús y le preguntó:

—Señor, ¿cuántas veces tengo que perdonar a mi hermano que peca contra mí? ¿Hasta siete veces? —No te digo que hasta siete veces, sino hasta setenta veces siete —le contestó Jesús—.

MATEO 18:21-22 (NVI)

Si es posible, y en cuanto dependa de ustedes, vivan en paz con todos.

ROMANOS 12:18 (NVI)

Querido Dios, ¿De verdad estas aquí?

¿Dónde estás? No te puedo ver. No puedo ver donde has estado. Cuando miro atrás en mi vida, veo muchos momentos en que te necesitaba… pero no estoy segura de que estuvieras allí.

Te estoy buscando. Verdaderamente TE ESTOY BUSCANDO. Algunas veces te veo, como cuando oro por un lugar para estacionar o cuando necesito superar algo rápidamente. Es cierto que apareces, porque estas cosas me han ocurrido. ¿Pero… dónde has estado en las otras ocasiones?

Puedo ver los problemas claramente: el recaudador me llama, pero la persona que amo no lo hace. Hay gente a mi alrededor, pero aún me siento sola. Estoy tratando de lidiar con esto por mi propia cuenta, pero sencillamente siento que ellos son más, que me llevan la ventaja, y parece que el enemigo tiene más potencia de fuego que yo.

Trato de andar por fe y no por vista, pero veo al enemigo revoloteando a mi alrededor. Ellos parecen estar avanzando más rápido y me están asediando.

El simple hecho de que no pueda verte no quiere decir que estoy sola en medio de todo esto. La mano invisible de Dios está arreglando las cosas por mí. De vez en cuando puedo ver, por un segundo, al cuarto hombre en el horno de fuego: un pequeño indicio de tus huellas. Pero no tengo pruebas, sino solamente indicios.

Moisés no pudo ver a Dios. Sin embargo, contuviste el Mar Rojo para que los Israelitas pasaran sin peligro.

Eliseo no pudo ver a Dios. Sin embargo, Tú causaste que saliera a flote el hierro del hacha prestada que se había perdido.

Daniel no pudo ver a Dios. Sin embargo, cerraste la boca de los leones.

Los Israelitas no pudieron ver a Dios. Sin embargo, tumbaste las paredes de Jericó y les diste la victoria sin que tuvieran que pelear.

Dios, no puedo verte, pero estás preparando mi victoria desde lo oculto. La Biblia dice que lo que haces por una persona, lo harás por otra.

Así que, voy a dejar de buscarte con mis ojos físicos y voy a dejar de racionalizar la situación. En lugar de eso, abriré mis ojos espirituales y te veré obrando y protegiéndome en el Espíritu.

Gracias, Dios, ¡por obrar a mi favor cuando ni siquiera estaba mirando!

LA PALABRA DE DIOS

Y yo le pediré al Padre, y él les dará otro Consolador para que los acompañe siempre: el Espíritu de verdad, a quien el mundo no puede aceptar porque no lo ve ni lo conoce. Pero ustedes sí lo conocen, porque vive con ustedes y estará en ustedes.

JUAN 14:16-17 (NVI)

Entonces Pedro, abriendo la boca, dijo:

Ciertamente ahora entiendo que Dios no hace acepción de personas,

HECHOS 10:34 (LBLA)

Porque por fe andamos, no por vista.

2 CORINTIOS 5:7 (LBLA)

Querido Dios, ¿Me ayudas?

–

Estoy sola y realmente necesito tu ayuda. Pero al escuchar lo que dicen otras personas, no estoy segura de que me vayas a ayudar.

Estoy muy lejos de ser perfecta. Yo echo a perder las cosas. Puedo decepcionar a otros. Peco. No cumplo con tus expectativas. Trato de comportarme como una cristiana. Trato de ser buena. Trato de aparentar como si tuviera todo bajo control. Pero Tú y yo sabemos que eso no es verdad.

¿Entonces por qué razón vas a querer ayudarme? No lo merezco; y no me lo he ganado.

Simplemente, no te ENTIENDO. No eres como yo. No eres humano. ¡Tu amor y tu compasión son tan profundos que pudiera perderme en ellos por toda la eternidad! ¡Amas a tus enemigos! Sé que no soy tu enemiga, sino tu hija. Eres mi Padre. Tu amor por mí es extravagante.

No estás esperando que yo me comporte bien. Estas esperando que pida con fe, y que crea que tu bondad sobrepasa mis fracasos. Estoy segura de que tu gracia es suficiente. No me ayudas porque yo sea buena. ¡Me ayudas porque Tú eres bueno!

Todos se preguntan cuál será tu voluntad o qué es lo que vas a hacer. Yo no tengo que preguntármelo: ¡Tú me lo dices!

Dices que me vas a fortalecer. Declaras que me vas a ayudar. Me vas a conceder gracia que va más allá de mi necesidad. Me vas a encontrar. Me vas a ayudar. ¡Me vas a dar lo que necesito!

No me lo puedo ganar. No lo merezco. No puedo ser suficientemente buena. La justificación viene con el arrepentimiento. Es un don. Un regalo. Tu don de amor vive en mi presente. ¡Y me encantan los regalos!

Jesús, perdóname por no haberme comportado como Tú quieres. En este momento renuncio a esas palabras desagradables, a estar amargada, al comportamiento incorrecto, y corro hacia ti.

Ahora que estoy en una posición que no me he ganado, que no me merezco, y que es imposible desde el punto de vista humano, te pido, según tu promesa celestial, que estés conmigo. Guíame. Ayúdame. Sáname. Perdóname. ¡Y guíame a tu voluntad bendita que me has prometido!

LA PALABRA DE DIOS

No temas, porque yo estoy contigo; no desmayes, porque yo soy tu Dios que te esfuerzo; siempre te ayudaré, siempre te sustentaré con la diestra de mi justicia.

ISAÍAS 41:10

Y me ha dicho: Bástate mi gracia; porque mi poder se perfecciona en la debilidad. Por tanto, de buena gana me gloriaré más bien en mis debilidades, para que repose sobre mí el poder de Cristo.

2 CORINTIOS 12:9

Pidan, y se les dará; busquen, y encontrarán; llamen, y se les abrirá. Porque todo el que pide, recibe; el que busca, encuentra; y al que llama, se le abre.

MATEO 7:7-8 (NVI)

Querido Dios, Lo quiero a mi manera

Algunas veces analizo mi situación y me siento increíblemente desilusionada.

Nadie se levanta por la mañana diciendo: "Hoy voy a hacer algo para arruinar mi vida". Nadie dice: "voy a comenzar un mal hábito", o "voy a quedarme sin trabajo", o "voy a divorciarme", Nadie tiene ese tipo de lista de "tareas". Sin embargo, sucede todo el tiempo.

Más de una vez, me he despertado con un plan para hacer las cosas *a mi manera.* ¡Entonces, cuando trato de llevar a cabo mi plan, todo se desbarata! Quedo triste, desanimada y deprimida pensando: "¿qué sucedió?".

Cuando algo sale mal, solo quiero agachar mi cabeza y esconderme. En medio de esos sentimientos de desilusión, de miedo, de estar perdida, de soledad agobiante y de fracaso agotador, pareciera que se acabara la felicidad en mi vida.

Dios, pero… ¿Cuántas veces he sufrido una gran desilusión sin que Tú prepares una nueva ilusión que ocupe su lugar?

Has preparado una ilusión fresca para mí al otro lado de esta tristeza. ¡De alguna manera haces que *todas las cosas* (incluyendo el doloroso rompimiento de una relación o la pérdida de un buen empleo) cooperen para mi bien! Solo Tú lo haces posible.

Dios, si yo hubiera continuado con mi plan original, no hubieras podido guiarme a una nueva etapa de oportunidades.

Podemos trazar nuestros planes, pero el SEÑOR dirige nuestros pasos.

Tengo que recordar *que contigo cada desilusión* al final resultará en una ilusión *mejor* y *nueva.* ¡Solamente contigo todo esto es posible!

El simple hecho de que las cosas no salgan como yo quiero no quiere decir que deba dejar que afecten mi día. Simplemente haré una nueva lista de "tareas":

- Confesaré mi fe en ti en lugar de dudar o temer.
- Proclamaré que "puedo" en lugar de decir que "no puedo".
- Creeré que recibiré una bendición en lugar de esperar escasez.
- Declararé victoria en lugar de apresurarme a admitir debilidad o fracaso.

No hablaré constantemente de enfermedades, preocupaciones o frustraciones, ¡hablaré del Libertador!

¡Todo lo puedo en Cristo que me fortalece!

Dios, con tu perspectiva solo Tú puedes ver el final desde el principio. Puede ser que no lo entienda todo, pero confiaré en ti. Confiar en ti es el primer paso para superar estos sentimientos negativos.

Dios, Tú ya sabes cómo vas a transformar esta desilusión. ¡Gracias por convertirla en uno de los momentos más ASOMBROSOS de mi vida! ¡Voy a esperar para ver lo que vas a hacer, porque sé que va a ser impresionante!

LA PALABRA DE DIOS

> Como son más altos los cielos que la tierra, así son mis caminos más altos que vuestros caminos, y mis pensamientos más que vuestros pensamientos.
>
> ISAÍAS 55:9

> El Señor dirige los pasos de los justos;
>
> se deleita en cada detalle de su vida.
>
> SALMOS 37:23 (NTV)

> Y sabemos que para los que aman a Dios, todas las cosas cooperan para bien, esto es, para los que son llamados conforme a su propósito.
>
> ROMANOS 8:28 (LBLA)

Querido Dios,
Estoy lista para pelear

¡Ellos quieren pelear! ¡Está bien! ¡Vamos! Estoy dispuesta a defender mi honor. Puedo defenderme. ¡No voy a dejar que se aprovechen así de mí!

Ellos me atacan a golpes y yo no voy a echarme atrás. ¡Voy a atacarlos como un mono araña! ¿Verdad, Dios? ¿Verdad? ¿¿¿Dios???

No dices nada. Sería estupendo escuchar tus palabras de apoyo en este momento. ¿Sigues sin decir nada?

¿Por qué?

Sé que me pides que pelee las batallas en oración. Sé que, si los ataco *en la carne,* tendré que derrotarlos *en la carne*. Si los atacara como ellos me atacan a mí, no sería mejor que ellos. Y las únicas armas que tendría a mi disposición serían las que ellos mismos tienen.

Está bien. Esto empieza a tener sentido. Mis armas no son de carne y sangre. Mi pelea no es a puños y golpes. Mi pelea no es con palabras duras y conflicto. Mi pelea no consiste en que "tú me pegas y yo te pegare más duro". Mi pelea es la batalla de FE. Es la batalla que peleo para no pelear. Peleo en el Espíritu; y la carne no puede resistir al reino espiritual. Puedo elegir confiar en mi fuerza, mis ideas y estrategias, y en el consejo y fuerza de mis amigos... o puedo confiar en ti.

Te entrego mis enemigos y menciono sus nombres en oración. Busco el consejo del *León de la Tribu de Judá* y desato tu juicio sobre ellos (¡aunque tu juicio sea la gracia... ufff!). Dios, tienes que ayudarme en esto. Esta manera de pelear es nueva para mí.

No lanzaré malas palabras. Me pides que lance palabras de bendición a mis enemigos. Que los A-A-A... AME. Bueno, eso me hizo tartamudear.

Pero cuando peleo a tu manera, recibo tu favor. Confío en tu fortaleza. Tengo todo el ejército de los cielos respaldándome.

No abandonaste a David cuando él corrió hacia Goliat. Moisés y los Israelitas estuvieron a salvo porque lo hicieron a tu manera. Hiciste que Elías saliera bien parado cuando se enfrentó a 400 profetas de Baal. ¡Y lo mismo harás por mí!

¡La batalla es tuya, Dios! ¡Voy a pelear a tu manera!

LA PALABRA DE DIOS

Pues todo hijo de Dios vence a este mundo de maldad, y logramos esa victoria por medio de nuestra fe. ¿Y quién puede ganar esta batalla contra el mundo? Únicamente los que creen que Jesús es el Hijo de Dios.

1 JUAN 5:4-5 (NTV)

Porque no tenemos lucha contra sangre y carne, sino contra principados, contra potestades, contra los gobernadores de las tinieblas de este siglo, contra huestes espirituales de maldad en las regiones celestes.

EFESIOS 6:12

Entonces Jesús le dijo: Vuelve tu espada a su sitio, porque todos los que tomen la espada, a espada perecerán.

MATEO 26:52 (LBLA)

Pelea la buena batalla de la fe; echa mano de la vida eterna a la cual fuiste llamado, y *de la que* hiciste buena profesión en presencia de muchos testigos.

1 TIMOTEO 6:12 (LBLA)

Querido Dios, ¿Qué más quieres de mí?

Mira. Vamos al grano. ¿Qué más quieres de mí? Bueno, YO LO INTENTO, pero nada parece ser suficiente. Me entrego a ti y me parece que quieres más. He mejorado, de tantas maneras, pero creo que piensas que puedo hacer más.

Ayudo a la gente (a veces). Soy amable (al menos más amable de lo que solía ser). Doy (no tanto como pudiera, pero soy mucho más generosa que antes). Digo, la gente NOTA mi cambio. ¿Por qué? ¿Por qué? ¿¿¿POR QUÉ QUIERES MÁS??? No me parece justo.

Tal vez Abraham se haya sentido así. ¿Noventa y nueve años de espera, para recién bendecirlo? No. Hiciste un pacto con él y le pediste un "corte". La prueba de embarazo no salió positiva después de nueve décadas solo porque sí. Solamente le diste el requisito de circuncisión para él y todos en su casa. ¡Me imagino que la noticia habrá caído como balde de agua fría cuando lo comunicó a su familia!

¿Por qué quieres más de mí cuando yo ya estoy lista para recibir algo de ti? Supongo que quieres saber si te busco con sinceridad o simplemente estoy interesada en sacar provecho de esta relación. Me imagino que necesitas saber si puedo recibir la bendición sin volverme loca. Además, me acabo de dar cuenta que necesitas una SEMILLA para producir una cosecha.

Dios, ¿quieres ver si me puedes quitar TODO lo que tengo? ¿Por qué? ¡Porque me lo devuelves, pero mucho mejor, con bendición! ¿Qué pasaría si me pidieras que te diera todo lo que yo siempre he querido y soñado? ¿Sería capaz de adoptar una actitud de humildad y confianza en ti?

Ya me has dado el ejemplo. Jesús tenía un protocolo. El niño le dio cinco panes y dos peces y el los bendijo, los partió y se los dio. Cuando Jesús se sentó en la Última Cena, hizo lo mismo con el pan justo antes de bendecir, partir y entregar su cuerpo en la cruz. Tú simplemente quieres saber si yo puedo hacer lo mismo.

Quieres saber si puedo dejar de apoyarme en mi propia habilidad y darte nuevamente el control. A ti. Fiel. Restaurador. El que me bendice. El que ama mi alma. Tú simplemente me pides algo para bendecirlo y devolvérmelo.

¿Señor, por qué me he demorado? ¿Qué quieres de mí? ¡Es tuyo!

LA PALABRA DE DIOS

Estableceré mi pacto contigo y con tu descendencia, como pacto eterno, por todas las generaciones. Yo seré tu Dios y el Dios de tus descendientes. A ti y a tu descendencia daré, en posesión perpetua, toda la tierra de Canaán, donde ahora vives como extranjero. Y yo seré su Dios.

Dios también dijo a Abraham:

—Cumple con mi pacto, tú y toda tu descendencia, por todas las generaciones. Y este es el pacto que establezco contigo y con tu descendencia, el cual todos deberán cumplir: Todos los varones entre ustedes deberán ser circuncidados. Circuncidarán la carne de su prepucio; esa será la señal del pacto entre nosotros.

GÉNESIS 17:7-11 (NVI)

Y mandó a la gente que se sentara sobre la hierba. Tomó los cinco panes y los dos pescados y, mirando al cielo, los bendijo. Luego partió los panes y se los dio a los discípulos, quienes los repartieron a la gente.

MATEO 14:19 (NVI)

Querido Dios,
Ese no es mi nombre

No puedo creer que me hayan insultado así. ¡¡¡QUÉ MAL EDUCADOS!!! ¿Es que su mamá no les enseñó buenos modales? ¿Cómo pudieron decir eso acerca de mí? ¡No es verdad! ¡Mi mamá no me viste raro! De hecho, ella ya ni siquiera me viste.

Si esos insultos hirientes y ridículos no son verdad (¡ah! ¿y NO lo son?), entonces ¿por qué me duele tanto? Eso me hace pensar... ¿será que ven algo en mí que yo no veo? ¿Será que soy quien ellos dicen que soy? ¿Habrá una pizca de verdad en lo que parecen ser mentiras?

¡Un momento! Creo que el enemigo está jugando con mi cerebro como si fuera un parque infantil. Tan solo una semillita y el enemigo se aprovecha. ¡Sé quién soy porque Tú me lo has dicho! ¡No solo me has dicho quién soy... TÚ ME PUSISTE MI NOMBRE!

Así como Jacob. Su mamá le puso "embaucador y usurpador". Eso tuvo que dolerle cada vez que estaba en el parque, o aun en la oficina, años más tarde. Pero Tú, Dios, tienes el poder para cambiarme el nombre.

Lo que yo era antes de ti, y quien soy contigo, son dos personas completamente diferentes. ¡Son completamente opuestas! Después de que entraste en mi corazón, tuve que presentarme a mí misma. Me has transformado, me has salvado, me has liberado, me has hecho nueva, me has amado y redimido. ¡Me has dado nombres completamente nuevos!

Una parte de mi nombre viene de ti, Papá. Abba, Padre, rociaste algunos de tus nombres sobre mí. Tus nombres son majestuosos. Tienes muchos nombres porque no cabes en un solo nombre. He nacido de ti, he sido creada por ti y me has dado un propósito.

Puedo elegir escuchar los insultos del enemigo que hacen eco en mi mente y permitirle que me ponga nombres. O puedo mandarlo a callar y alabarte por todos los asombrosos nombres que me has puesto, por ser tu hija bendecida, tu amiga, ¡tu obra maestra!

La próxima vez que alguien trate de ponerme nombres, avergonzarme o desfigurarme con un nombre que no es mío, recordaré los nombres que Tú, mi Dios Padre, me diste. ¡Bendecida! ¡Sanada! ¡Liberada! ¡Hija del Rey Altísimo! ¡Restaurada! ¡Justificada a través de Cristo! ¡Vaya nombre para aprender en el jardín de infantes! ¡Pero me encanta!

LA PALABRA DE DIOS

Y *el hombre* dijo: Ya no será tu nombre Jacob, sino Israel, porque has luchado con Dios y con los hombres, y has prevalecido. Entonces Jacob le preguntó, y dijo: Dame a conocer ahora tu nombre. Pero él respondió: ¿Para qué preguntas por mi nombre? Y lo bendijo allí.

GÉNESIS 32:28-29 (LBLA)

Escuchadme, islas, y atended, pueblos lejanos. El Señor me llamó desde el seno materno, desde las entrañas de mi madre mencionó mi nombre.

ISAÍAS 49:1 (LBLA)

Ya no os llamo siervos, porque el siervo no sabe lo que hace su señor; pero os he llamado amigos, porque os he dado a conocer todo lo que he oído de mi Padre.

JUAN 15:15 (LBLA)

Querido Dios, Una prisión mental

Aquí ando… como todos los demás, dando vueltas en este mundo libre. ¿Entonces por qué me siento como si existieran estas barreras, estas paredes, estas fronteras que no puedo atravesar? ¿Por qué me siento como si estuviera en una prisión sin paredes?

Si lo que está sucediendo en el mundo, o en *mi* mundo, es algo diferente a lo que tenía planeado, termino herida, y algunas veces, confundida y enojada. ¡DETESTO ese sentimiento! Ese es el sentimiento del enemigo cuando trata de robarse mi bendición.

Cuando guardo rencor, justifico mi ira, me enojo o cultivo la amargura, le doy al enemigo la oportunidad de dirigir mi vida. Él quiere atraparme en la frustración y en mis emociones y mantenerme atada con las cosas que yo insisto que tengo el derecho a sentir. Él está parado ahí con las llaves, y trata de convencerme de que estoy mejor así.

¿Por qué quiero defender mi derecho a sufrir? Satanás es el *padre de las mentiras* y el carcelero de mi felicidad.

¡El enemigo NO es mi líder!
Él me quiere llevar directo a una prisión mental.
¡Mi líder es Dios!
¡Mi líder es el AMOR!
¡Tú me guías a la libertad y a la paz!

Tengo la oportunidad de romper estas cadenas que me atan a mi dolor, para poder ir donde estoy tratando de ir, sin quedarme atascada en mi pasado. Hay un arma que funciona en contra del odio y el dolor, la ofensa y el temor. Hay una llave que abre esa puerta. ¡Y esa llave es el amor! ¡AMOR extravagante!

Aunque alguien trate de ponerme en una prisión de sentimientos, justificaciones y emociones, ¡yo puedo ESCOGER ser libre! El amor abre la puerta. ¡El amor me libera!

Jesús me amó tanto que la única vez que Él ha dejado que un prisionero permanezca cautivo fue cuando Él mismo fue a la cruz. Él ha podido usar un millón de maneras para liberarse, pero en vez de eso…

En vez de eso Él tomó mi lugar para que yo pudiera ser libre.

No lo merezco; pero de todas maneras me perdonaste. El amor extravagante tomó mi lugar y cumplió mi sentencia. Me diste el ejemplo para que yo lo imite.

Así que yo suelto las cadenas de toda emoción negativa que me ha mantenido en confinamiento solitario, en medio de todo. Se las entrego a Jesús y sé que Él las recibirá con amor y compasión en sus ojos. Y yo haré lo mismo al salir de las tinieblas hacia su luz admirable. ¡¡¡Soy LIBRE!!!

LA PALABRA DE DIOS

Airaos, pero no pequéis; no se ponga el sol sobre vuestro enojo, ni deis oportunidad al diablo.

EFESIOS 4:26-27 (LBLA)

El Espíritu del Señor Dios está sobre mí, porque me ha ungido el Señor para traer buenas nuevas a los afligidos; me ha enviado para vendar a los quebrantados de corazón, para proclamar libertad a los cautivos y liberación a los prisioneros;

ISAÍAS 61:1 (LBLA)

Por eso el Padre me ama, porque yo doy mi vida para tomarla de nuevo. Nadie me la quita, sino que yo la doy de mi propia voluntad. Tengo autoridad para darla, y tengo autoridad para tomarla de nuevo. Este mandamiento recibí de mi Padre.

JUAN 10:17-18 (LBLA)

Querido Dios,
Estoy lista para un cambio

Ya es hora, Dios. Tenemos que hacer unos cambios. Necesito que mi vida sea de un nivel más alto, mejores relaciones... y subamos el nivel de mi vivienda también. Estoy lista para un ascenso. Estoy preparada para manejar más cosas. Vamos a subir de nivel. ¡Estoy lista para un cambio!

¡Quiero cambiar todo! El problema con cambiar todo es que TODO tiene que cambiar. Si nada cambia... nada cambia. Supongo que las primeras cosas que tienen que cambiar son las que están dentro de mí.

Quiero una mejor manera de pensar. Andar en mayor fe. Romper malos hábitos, tales como tratar a otros con altivez y darle cabida al enojo y la duda (creo que realmente has estado hablando conmigo de esas cosas).

Has estado susurrándome acerca de temas que me ponen incómoda. Parece que quieres que renuncie a algunas cosas. Pero tener más es mejor. Tener menos no parece ser mejor, ¿verdad? Ahora me surge la duda. Supongo que para recibir más de ti tengo que empezar a confiar más en ti, especialmente cuando parece difícil. ¡Vaya! El cambio parece ser un asunto importante.

No puedo continuar tratando de cambiar de puesto, de casa, de trabajo y de amistades, pensando que eso me va a cambiar a mí. No puedo hacer cambios externos y esperar tener una diferencia interna. Tú sabes que un cambio interno resultará en una diferencia externa. Aún mejor... una diferencia ETERNA. Tengo que dejar que hagas los cambios que Tú quieras.

Pero las cosas que Tú quieres que haga me asustan. Soltar el control. Dejar que te encargues. Desistir. Preferirlos a ellos. Regalar algo. Amarlos de todas maneras. ¿Realmente será esta la manera de SUBIR de nivel? Estoy tan preocupada por seguir lo que dices al pie de la letra —al comienzo de la transformación— que no me doy cuenta de lo que estás tratando de hacer. El final es muy diferente al comienzo. No se parecen en nada.

Una semilla no se parece en nada a un árbol de roble. Un espermatozoide no se parece en nada a un niño. Un ladrillo no se parece en nada a una casa. Y mi vida, hasta ahora, no se parece en nada a la grandeza que el Dios del Cielo y de la tierra tiene planeada para mí (por muy buena que haya sido mi vida hasta ahora). Voy a confiar en ti para hacer los cambios.

Si no me supone un reto, no me va a traer cambio. Me estás dando la oportunidad de escoger la mejor parte. ¿Por qué lo rechazaría para quedarme aquí?

Estoy lista para el cambio, Dios. ¡Dale!

LA PALABRA DE DIOS

Respondiendo Simón Pedro, dijo: Tú eres el Cristo, el Hijo del Dios viviente. Y Jesús, respondiendo, le dijo: Bienaventurado eres, Simón, hijo de Jonás, porque esto no te lo reveló carne ni sangre, sino mi Padre que está en los cielos. Yo también te digo que tú eres Pedro, y sobre esta roca edificaré mi iglesia; y las puertas del Hades no prevalecerán contra ella.

MATEO 16:16-18 (LBLA)

No imiten las conductas ni las costumbres de este mundo, más bien dejen que Dios los transforme en personas nuevas al cambiarles la manera de pensar. Entonces aprenderán a conocer la voluntad de Dios para ustedes, la cual es buena, agradable y perfecta.

ROMANOS 12:2 (NTV)

En cambio, nosotros somos ciudadanos del cielo, de donde anhelamos recibir al Salvador, el Señor Jesucristo. Él transformará nuestro cuerpo miserable para que sea como su cuerpo glorioso, mediante el poder con que somete a sí mismo todas las cosas.

FILIPENSES 3:20-21 (NVI)

Querido Dios, ¿Tengo una mente sucia?

Mi corazón se contamina de la misma manera que se ensucian mis manos. Cuando voy de compras al supermercado, trato de no tocar nada sucio. Aun así, no quisiera chuparme los dedos después de hacer las compras. ¡¡¡Qué asco!!!

El contacto inevitable y sin intención con el mundo me expone a todo lo que está por ahí. Así como los virus y las bacterias del supermercado ahora se encuentran en mí, también lo están las imágenes que aparecen en la televisión, al igual que los pensamientos llenos de odio de los demás, las ofensas y la ira.

Me contamina la música que suena en las tiendas y las conversaciones que no puedo evitar escuchar a mi alrededor. Cuando paso tiempo con gente que no te conoce, ellos empiezan a hablar palabras de duda e incredulidad. Entonces, mi mente, mi corazón y mi espíritu se ven afectados por esa suciedad.

¡QUE ASCO! ¡Tengo una mente sucia!

Debo compensar urgentemente mi exposición al mundo con la exposición a tu Palabra. De otra manera, voy a terminar siendo una persona de doble ánimo, por un lado creyendo y pensando como Tú; y, por otro lado, hablando, andando, comportándome y pensando conforme a la basura a la que he estado expuesta. ¡No quiero tener una manera de pensar tóxica! ¡Quiero estar en mi sano juicio!

¡Noooooo! Cuando soy una persona de doble ánimo, me comprometo a medias, ando un poco confundida, y voy de un lado para otro, me vuelvo inestable en mi fe en ti, y definitivamente no cosecho nada. ¡CERO! No puedo permitir eso. Una manera de pensar equivocada nos conducirá a una manera de vivir equivocada. ¡Nadie quiere eso! ¡Necesito estar en mi sano juicio!

¡Voy a empezar un proceso de purificación de mi alma! ¿Cómo? Poniendo más de lo que Tú dices en mi interior, que lo que ellos dicen. Si mi respuesta a algo es "no sé", entonces necesito estudiar tu Palabra hasta que saberlo y luego debo repetir esa Palabra una y otra vez.

¡No puedo permitir que esa gente con mentalidad sucia logre que yo sea como ellos! No quiero lo que ellos tienen. No quiero comportarme como ellos. ¡Y CIERTAMENTE, NO QUIERO que mi actitud apeste como la de ellos!

Voy a hacer una limpieza profunda de mis pensamientos. Haré una limpieza profunda de lo que sale de mi boca. ¡Y voy a RENOVAR MI MENTE con tu Palabra para pensar conforme a la Mente de Cristo!

Quiero lo que ÉL tiene, pero una mente sucia no lo puede entender. ¡Es hora de ponerse a limpiar! ¡Voy a corregir mi mente! ¡Una manera de pensar correcta conducirá a una manera de vivir correcta!

Mejor aún, pensar cómo piensa Dios me llevará a vivir en conformidad con Dios. ¡Voy a empezar a vivir tu clase de vida!

LA PALABRA DE DIOS

> Pero pida con fe, no dudando nada; porque el que duda es semejante a la onda del mar, que es arrastrada por el viento y echada de una parte a otra.
>
> No piense, pues, quien tal haga, que recibirá cosa alguna del Señor. El hombre de doble ánimo es inconstante en todos sus caminos.
>
> SANTIAGO 1:6-8

> Acérquense a Dios, y él se acercará a ustedes. ¡Pecadores, límpiense las manos! ¡Ustedes los indecisos, purifiquen su corazón!
>
> SANTIAGO 4:8 (NVI)

> Porque ¿quién conoció la mente del Señor? ¿Quién le instruirá? Mas nosotros tenemos la mente de Cristo.
>
> 1 CORINTIOS 2:16

Querido Dios,
El hombre de las respuestas

A veces me río al ver todas las situaciones sencillas que yo podría arreglar. ¡Bueno, es que la respuesta está AHÍ MISMO! Me encanta cuando hablo con alguien y sé cómo ayudarlos a llegar a donde quieren ir. Es emocionante cuando me tropiezo con un asunto que no está marchando bien y yo sé exactamente qué hacer para ayudar. Me encanta arreglar las cosas. Me encanta ser la persona que tiene todas las respuestas.

Pongo mi mente en modo de solución de problemas. *¡Vamos a hacer que funcione! ¡Vamos a ayudar! ¡Hagamos un mayor esfuerzo! Todo lo que tenemos que hacer es...* A menudo, hago lo mismo con mi vida. Se me enciende la bombilla y empiezo a mover y a enderezar cosas porque puedo ver a dónde deben ir. Ni siquiera me doy cuenta de que lo estoy haciendo... hasta que algo no funciona.

¿Qué está pasando aquí? ¿Qué ocurrió? Hasta ahora, siempre ha sido que 2+2=4. ¿Cómo? ¿Eh? Me olvido de que *todo lo que puedo ver* es *lo que puedo ver*. Y mi plan de "yo sé lo que hay que hacer" no va a funcionar a largo plazo en lo natural. Necesito tu plan de "Dios sabe lo que hay que hacer".

Ni siquiera me doy cuenta en el lío en que me he metido hasta que me encuentro frustrada y confundida, y no puedo solucionarlo. Entonces, FINALMENTE, me detengo y me pongo a orar. ¿Por qué me toma tanto tiempo?

Dios, ¿por qué? ¿Por qué no te involucro desde el principio? Tú eres el verdadero hombre de las respuestas, no yo. Yo no cuido de la gente. Esa es tu responsabilidad. Cuidas de ellos y yo soy solamente tus manos y tus pies para amarlos. El cuidado es tuyo. La preocupación es tuya. El problema es tuyo. La solución es tuya.

Ni siquiera puedo mantener mi mundo libre de problemas. ¿Y pretendo solucionar los problemas de otros? ¿Cómo? Si yo tengo una larga lista de cosas por arreglar en mi propia vida.

Mi responsabilidad no es arreglar todo. Deseas una relación conmigo y es así como obtendré resultados. Te busco a ti y Tú me muestras el camino. No es que al buscar el camino, te encontraré a ti. Yo lo estaba haciendo al revés.

Señor, te doy la batuta. Te doy libertad para que manejes la situación a tu manera. ¡De la manera CORRECTA! Tu respuesta es la respuesta que necesitaba. Guíame, Dios. Cuando te sigo a ti, no pierdo tiempo. Enséñame. ¡Estoy lista para seguir tus órdenes!

LA PALABRA DE DIOS

Yo te haré saber y te enseñaré el camino en que debes andar; te aconsejaré con mis ojos *puestos* en ti.

SALMOS 32:8 (LBLA)

Estad quietos, y sabed que yo soy Dios; exaltado seré entre las naciones, exaltado seré en la tierra.

SALMOS 46:10 (LBLA)

Depositen en él toda ansiedad, porque él cuida de ustedes.

1 PEDRO 5:7 (NVI)

Querido Dios,
Un alto cargo

Estaba pensando que realmente me gustaría un ascenso. Que me dieras tan solo un pequeño impulso. Bueno, que me otorgues ese ascenso para el cual me he estado esforzando tanto. Me encantaría ser la jefa por un rato. O quizá me puedas dar algunas muy buenas ideas para destacarme en la reunión, de modo que el jefe, y todos los demás tengan que escucharme. ¡Me encantaría que alguien me aclame, aunque sea por un minuto!

Todo el mundo necesita ser el encargado alguna vez. Tener un poco de poder no le hace daño a nadie. Déjame ser la encargada. ¡ESTOY LISTA!

El problema es que los altos cargos en el Espíritu y los altos cargos en la carne son muy diferentes. Quiero ascender y recibir el reconocimiento tan esperado. Tal parece que Tú quieres que yo sea humilde y ayude a alguien a ocupar la posición que yo mismo quiero ocupar. Bueno... ¿quítate de delante de mí Satanás?

¿Por qué tengo que ayudarlos? ¡Ni siquiera son amables! ¡Seguramente no te aman como yo! ¡Vaya! No todos los trabajos que quieres que haga van a hacer feliz a mi carne. Y si lo hicieran, tal vez no hayan sido idea tuya. Tengo que someterme a las personas a las que no me quiero someter. Hacer cosas que no quiero hacer.

¡Esto me frustra! Escúchame, Dios, ¿aún no llega mi turno? Puedo elegir ofenderme con Dios o puedo ser promovida por Dios. Necesito tomar control de mi alma. Mientras más frustrada esté contigo por no ser ascendida... más tiempo tardará en llegar esa promoción. Tengo que confiar en ti. Y la confianza no es confianza hasta que tenemos que hacer algo que no es lo que teníamos en mente, pero de todas maneras lo hacemos.

Es hacer las cosas que parecen estar por debajo de mi nivel. Sin embargo, para honrarte a ti y conocer a las personas que pondrás en mi camino, tengo que asumir mi posición. Tengo que operar en tu poder; no en el mío. Puede que no me guste, pero si no tomo mi puesto, voy a terminar en posición fetal llorando. ¡Nadie tiene tiempo para eso!

No es la posición lo que da el poder. Es el someterme a lo que Tú tienes para mí lo que permite que tu poder fluya a través mío. ¡Para ascender no hay que ir hacia arriba... sino hacia ABAJO!

Perdóname, Señor, por tratar de obtener una posición para la cual aún no reúno los requisitos. Iba en la dirección equivocada. A partir de hoy lo haré a tu manera. Me apoyo en ti y en tus mandamientos. ¡Tú nunca nos decepcionas!

LA PALABRA DE DIOS

Humíllense, pues, bajo la poderosa mano de Dios, para que él los exalte a su debido tiempo. Depositen en él toda ansiedad, porque él cuida de ustedes.

1 PEDRO 5:6-7 (NVI)

Porque todo el que se ensalce, será humillado; y el que se humille será ensalzado.

LUCAS 14:11 (LBLA)

¡Él te ha mostrado, oh mortal, lo que es bueno! ¿Y qué es lo que espera de ti el Señor?: Practicar la justicia, amar la misericordia y caminar humildemente ante tu Dios.

MIQUEAS 6:8 (NVI)

Pero Él da mayor gracia. Por eso dice: Dios resiste a los soberbios, pero da gracia a los humildes.

SANTIAGO 4:6 (LBLA)

Querido Dios, El paseo por el desierto

No sé en qué momento mi vida dio un giro hacia lo que parece ser el desierto del Sahara... ¡pero no me gusta!

Parece que hace solo unas cuantas millas el paisaje era maravilloso y todo marchaba bien. Yo pensaba que iba por buen camino. Creía que estaba conectada al GPS del cielo. Estaba segura de que estaba siguiendo bien las señales del camino.

Sin embargo…

Parece que todo se hubiera secado inesperadamente. El panorama de la vida ha cambiado. Cuando yo pensaba que todo se veía verde y abundante… ya no tanto. Sin importar lo que siembre, nada está creciendo. Estoy empezando a sudar. Creo que es el calor. Siento que necesito esconderme en algún sitio para encontrar alivio.

No puedo dejarme llevar por la primera impresión. Especialmente si esa impresión es desde el punto de vista humano.

La distancia más corta entre dos puntos es la línea recta, pero Tú no estás interesado en algo *rápido*. Quieres lo correcto. Algo desarrollado. Algo completo. Algo listo. ¡LO MEJOR!

Tengo que estar lista para que me guíes a través de lo que parece ser un lugar seco. Debo tener confianza en que, sencillamente, estoy de camino al lugar que tienes para mí.

A veces la ruta más larga es realmente el camino más corto. Tú nunca quieres menos para mí. ¡Siempre quieres más!

Lo que parece ser una tierra abrasada por el sol, pudiera ser un atajo para llegar adonde tienes lo mejor para mí. Simplemente porque el paisaje del camino no sea bueno, no significa que el destino no sea fantástico, ¡o que no valga mucho la pena!

Aun en el desierto cuidas de tus hijos. Los Israelitas estuvieron allí 40 años y nunca les faltó nada. Los guiaste paso a paso. Agar estuvo allí solo un corto tiempo y aun así estuviste con ella y le enviaste un manantial de agua, vida y provisión.

Tú estás conmigo aquí, en un lugar donde aparentemente nadie quiere venir. Tú conoces este territorio y estás aquí para llevarme al otro lado. Para guiarme. Para mostrarme el mejor camino. Tú sabes dónde están los pozos. Y si no hay ninguno, Tú crearás una fuente nueva de provisión, ¡solamente para mí!

Me puse un poco nerviosa cuando el paisaje comenzó a cambiar. Pero ahora me doy cuenta de que esta es mi oportunidad para demostrarte que no me rindo tan fácilmente. ¡Tengo mis ojos y oídos abiertos para que Tú me guíes, y estoy lista para testificar de tu bondad en este lugar!

LA PALABRA DE DIOS

Y el Señor te guiará continuamente, saciará tu deseo en los lugares áridos y dará vigor a tus huesos; serás como huerto regado y como manantial cuyas aguas nunca faltan.

ISAÍAS 58:11 (LBLA)

Tú, en tu gran compasión, no los abandonaste en el desierto; la columna de nube no los dejó de día, para guiarlos en el camino, ni la columna de fuego de noche, para alumbrarles el camino por donde debían andar.

NEHEMÍAS 9:19 (LBLA)

Cuarenta años los sustentaste en el desierto. ¡Nada les faltó No se desgastaron sus vestidos ni se les hincharon los pies.

NEHEMÍAS 9:21 (NVI)

Querido Dios,
Siempre he querido tener un mejor amigo

Con frecuencia le digo a la gente lo bueno que eres, y que deben orar y pedirte cosas. Realmente me entusiasmo por ellos. Puedo sentarme e imaginarte haciendo cosas increíbles para ellos.

Entonces, a la hora de orar, de repente, me pongo un poco... tensa. No quiero decir que me pongo RÍGIDA, pero definitivamente no me relajo y comparto efusivamente contigo cada pensamiento, sueño y deseo.

¡Me imagino que eso puede herir tus sentimientos! ¡Me amas por encima de todo! Sabías los errores que iba a cometer antes de siquiera haberme creado. Sabías que te iba a decepcionar. Sabías que iba a caer. Sabías que iba a fracasar. Sabías que me iba a enojar. ¡LO SABÍAS!

Sin embargo…

Tu amor nunca cambió. Lo único que cambió fue mi percepción de tu amor.

Empecé a ocultarte cosas. ¿Para qué? ¿Para qué no te enteraras? ¡Ya lo sabías! Todo lo que quieres es intimidad conmigo: que te cuente secretos que vacilaría en contarle incluso a mi mejor amiga; cosas que tú ya sabes, pero que quieres que te cuente de todas maneras.

Nunca has revelado mis secretos. Ni siquiera se te ocurre patearme cuando estoy en el suelo. Tú eres el que *levanta mi cabeza*. Cuando me excluyo a mí misma, Tú sonríes, me levantas y susurras a mi oído: "Hija mía, no es con tu fuerza, sino con la mía. La mía. Apóyate en mí. Estoy aquí. Siempre he estado aquí. ¡Déjame llevar tu carga!"

¿¿¿POR QUÉ??? ¿Por qué no he creído que serías así de bueno conmigo? ¿Por qué no te doy la oportunidad de deslumbrarme? ¿Por qué no me atrevo a aceptar que no solamente eres un Dios misericordioso y amoroso, sino que también eres mi Padre? Mi papito. El que cuida de mí. Mi mayor fanático. ¡MI MEJOR AMIGO!

Un mejor amigo que nunca me va a delatar, o a cambiarme por alguien más popular, o a no tener tiempo para mí.

¡Te he necesitado toda mi vida! Has estado conmigo *todo* el tiempo, esperando que yo abra los ojos al dulce obsequio de tu amistad y tu confianza.

Ahora que estamos aquí, estoy lista para ser sincera contigo. Voy a atreverme a contarte todos mis secretos. Estoy dispuesta a confiarte las cosas secretas que no me he atrevido a contarle a nadie... ni siquiera a mí misma.

¡He estado buscando a un amigo como Tú toda mi vida!

LA PALABRA DE DIOS

Antes que te formase en el vientre te conocí, y antes que nacieses te santifiqué, te di por profeta a las naciones.

JEREMÍAS 1:5

Mas tú, Jehová, eres escudo alrededor de mí; Mi gloria, y el que levanta mi cabeza.

SALMOS 3:3

Nadie tiene mayor amor que este, que uno ponga su vida por sus amigos. Vosotros sois mis amigos, si hacéis lo que yo os mando. Ya no os llamaré siervos, porque el siervo no sabe lo que hace su señor; pero os he llamado amigos, porque todas las cosas que oí de mi Padre, os las he dado a conocer.

JUAN 15:13-15

Querido Dios,
Antes de tiempo

A veces dejo de buscar una respuesta justo antes de que aparezca lo que pudiera ser mi solución. Necesito levantar la mirada y mirar más lejos.

¿Por qué me detengo antes de recibir la respuesta?

¿Por qué me detengo cuando estoy a un paso del sitio donde mi alma sabe que debo ir?

¿Por qué me detengo cuando las cosas dejan de ser convenientes? Pienso: "después de todo, hasta aquí es suficiente, ¿verdad?".

El problema es que cuando no voy hasta donde siento en mi espíritu que quieres que llegue, me detengo antes de tiempo, antes de recibir lo *mejor* que tienes para mí.

Estando parada en el suelo solo puedo ver hasta una cierta distancia. Si estuviera parada sobre un rascacielos podría ver más lejos. Vería el horizonte y podría darme una mejor idea de lo que realmente está sucediendo. ¿Qué sería lo que vería exactamente? ¡Seguramente vería más lejos... pero no lo suficientemente lejos!

La sabiduría humana más increíble del mundo no se puede comparar con lo que Tú sabes, Dios. Eres el principio. Hiciste todo lo que veo. Tú lo empezaste y lo fabricaste. ¡Escribiste el final desde el principio!

Dado que aún tengo que lidiar con circunstancias naturales, hay muchas cosas que obstaculizan mi vista. Todo depende de hacia dónde mire y lo que esté sucediendo ese día: nubes (de duda), la niebla (de incertidumbre), las tormentas (de la vida) y obstáculos tan grandes como edificios que nadie puede negar. Eso afecta lo que puedo ver.

¡Cuando estoy en un avión puedo ver mucho más! Mientras más alto suba, más puedo ver. Sin embargo, aun a 40 000 pies de altura, solo puedo captar un destello de lo que Tú puedes ver, Dios.

Dios, ¿por qué no te pregunto lo que Tú puedes ver? Me estás pidiendo que suba más alto. Me estás pidiendo que vea como Tú ves... que mire con ojos de fe.

Tú ves mi futuro entero, el camino que has trazado para mí. Ves las posibilidades que tengo si sigo el camino que Tú me indicas. Tú ves con ojos de esperanza. Tú ves exactamente el propósito para el cual me has llamado. Tú ves la bendición que tienes para mí. Sabes a qué nivel debo llegar. Tú ves la importancia de que yo confíe en lo que Tú ves, y estás tratando de ayudarme a que yo también lo entienda.

No voy a detenerme antes de cumplir mi propósito simplemente porque no pueda ver lo que Tú ves. Levantaré mis ojos. Voy a acudir a ti para que me guíes conforme a lo que Tú ves, Señor.

LA PALABRA DE DIOS

> «Porque mis pensamientos no son los de ustedes ni sus caminos son los míos», afirma el Señor. «Mis caminos y mis pensamientos son más altos que los de ustedes; ¡más altos que los cielos sobre la tierra!
>
> ISAÍAS 55:8-9 (NVI)

> Vivimos por fe, no por vista.
>
> 2 CORINTIOS 5:7 (NVI)

> Alzad a lo alto vuestros ojos y ved quién ha creado estos astros: el que hace salir en orden a su ejército, y a todos llama por su nombre. Por la grandeza de su fuerza y la fortaleza de su poder no falta ni uno.
>
> ISAÍAS 40:26 (LBLA)

Querido Dios,
Necesito una mamá osa

¿Has notado cómo las mamás osas protegen a sus cachorros? Alguien podría meterse con la mamá osa, ¡pero nadie se mete con su bebé! Ellas pueden darles un azote a sus cachorros de vez en cuando para que no se metan en líos. Pero ellas son intachables como madres porque darían su vida por ellos.

He visto a los padres más amorosos hacer esto. No me extraña cuando una mamá o un papá guía y corrige a un niño. Puedo ver fácilmente la dedicación y la profundidad de su amor, aunque se sientan muy frustrados.

Aun así, el amor de estos padres ejemplares no se puede comparar con tu amor por mí, Dios. Un amor incondicional que no acepta cambio ni devolución; tengo que quedarme con él, y con él recibo también de tu protección y tu corrección.

El amor real de un padre no se da sin protección ni corrección, aunque ese padre sea un oso y no un humano. Dios, entonces ¿por qué se me ocurre que tu amor me puede dejar desprotegida? ¿Qué me hace pensar que tus lecciones de corrección y lo que compartes conmigo —qué hacer o qué no hacer— no son otra cosa sino tu amor más preciado? ¿Por qué me resistiría a seguir tus enseñanzas? ¿Has hecho alguna vez algo para lastimarme? ¿Cuándo has dejado de protegerme?

Ningún padre compasivo siempre dice "sí" y nunca dice "no". Tu "no" es tu protección para evitar que yo reciba lo que quiero y después no quiera lo que recibo. Necesito tus ojos espirituales para discernir lo que no puedo ver.

Me proteges cuando susurras a mi oído por cuál camino seguir, qué negocios debo aceptar y qué relación debo evitar. Conoces el final desde el principio. ¡Esa clase de conocimiento acerca del futuro no tiene precio!

A veces tu protección suena a negativa que no quiero escuchar. Pero realmente es una defensa divina para librarme de un peligro del cual ni siquiera me he enterado. Me proteges aun cuando me resisto a escucharte. ¡No sé cómo agradecerte por nunca perder la confianza en mí!

Eres el Dios, más valiente, más amoroso y protector que yo pudiera querer o pedir. ¡Gracias por amarme tanto como para protegerme de mí misma y de cualquier cosa que el enemigo use para desviarme del futuro emocionante que has preparado para mí!

LA PALABRA DE DIOS

Todo lo disculpa, todo lo cree, todo lo espera, todo lo soporta.

1 CORINTIOS 13:7 (NVI)

Pues el Señor corrige a los que ama, tal como un padre corrige al hijo que es su deleite.

PROVERBIOS 3:12 (NTV)

Yo les doy vida eterna, y nunca perecerán, ni nadie podrá arrebatármelas de la mano. Mi Padre, que me las ha dado, es más grande que todos; y de la mano del Padre nadie las puede arrebatar. El Padre y yo somos uno.

JUAN 10:28-30 (NVI)

El que habita al abrigo del Altísimo descansará a la sombra del Todopoderoso. Yo le digo al Señor: «Tú eres mi refugio, mi fortaleza, el Dios en quien confío».

SALMOS 91:1-2 (NVI)

Querido Dios,
Está muy apretado

Siento como si avanzara muy despacio, un paso a la vez. Ni siquiera son pasos grandes. No corro. No brinco. No salto. Solamente doy un pasito. Me detengo. Doy otro pasito. Me detengo. UN PASITO.

A veces parece que yo fuera la única que todavía anda arrastrándose por acá abajo. ¿¿¿Cómo lograron escapar los demás y subir tan alto??? ¡Y entonces las cosas parecen empeorar!

Estoy tan metida en tratar de que las cosas se vuelvan una realidad. Estoy ajustada en términos de dinero y mi horario es aún más apretado. Empiezo a sentirme como si no tuviera a donde acudir. Mientras más lucho, más restringida me siento. Estoy tan metida en esto que casi no me puedo mover... y todo se pone oscuro.

Sin embargo…

Hay algo en mi interior. Siento como si algo que no sabía que existía, de repente ha cobrado vida. Esta Vida me da la voluntad para pelear, para crear para escaparme de este lío. A medida que estoy dispuesta a deshacerme de la ira, del dolor y del resentimiento que me han llevado a este punto, algo parece cambiar.

Entonces, quisiera que alguien me ayudara. Sé que yo misma me metí en esto, pero… ¿es que nadie puede ver que estoy tratando de salir?

Sin embargo, nadie viene a ayudarme. Solamente estoy yo, y esta Vida en mi interior, tratando de salir. Estoy tan ocupada tratando de salir de aquí que no me he dado cuenta de que esta lucha me está dando fuerza. ¿Qué tipo de fuerza es esta? ¿De dónde salió? ¡Ah! Eres Tú, Dios.

Entonces, casi sin esperarlo, viene la libertad, y no solamente la libertad, sino también alas para volar.

Las cadenas que querían atarme se han caído. Las usaste como capullo para darme la fortaleza para volar. No sabía que era una oruga. No me di cuenta de que estabas usando mi aparente cautiverio como un capullo. No podía ver todo lo que tenías planeado.

Sin embargo, ahora sé esto: Tus planes para mí incluyen alas para volar a lugares más altos de lo que pudiera imaginar. Estás conmigo incluso en los lugares oscuros y nunca me dejarás allí.

¡Sal de tu capullo mariposa! ¡Ha llegado tu hora!

LA PALABRA DE DIOS

Porque yo sé muy bien los planes que tengo para ustedes —afirma el Señor—, planes de bienestar y no de calamidad, a fin de darles un futuro y una esperanza.

JEREMÍAS 29:11 (NVI)

Ahora bien, sabemos que Dios dispone todas las cosas para el bien de quienes lo aman, los que han sido llamados de acuerdo con su propósito.

ROMANOS 8:28 (NVI)

Viviré con toda libertad, porque he buscado tus preceptos.

SALMOS 119:45 (NVI)

Querido Dios, Haciendo malabarismos

Cuando pienso en las exigencias del diario vivir como manejar los horarios, las responsabilidades, las prioridades, el tiempo contigo, el tiempo para mí misma (¿será que eso existe siquiera?) y tiempo para la familia y los amigos, sé que mi capacidad de coordinación será puesta a prueba.

Justo cuando pienso que he encontrado el equilibrio y que todo marcha bien, aparece algo grande y pesado que me desbalancea totalmente. ¡Entonces... BUM! Todo se estrella en el piso. ¡Pero no puedo detenerme! No puedo relajarme porque no tengo tiempo para eso.

Dios, Tú sabes lo que aparecerá en mi camino hoy ¡y estás listo para ayudarme a manejarlo!

Mis días no resultan bien planeados, puntuales o ejecutados perfectamente porque ¡todos los días la vida me arroja cosas que me toman de sorpresa! Quizá he estado tratando de manejar demasiadas cosas a la vez por demasiado tiempo. De vez en cuando, me canso y pierdo de vista la pelota. Otras veces, un sabelotodo me arroja algo... algo que no estaba esperando.

Sigo pensando que tengo que recoger todo, limpiar este desastre lo más pronto posible y retomar el control de mi vida. Después de todo, alguien depende de mí. Si la malabarista renunciara al circo cada vez que dejara caer alguna pelota... su carrera sería muy corta.

La realidad es que si no me tomo el tiempo para pensar, para organizarme, para descansar, para que mis niveles de estrés regresen a un nivel que no sea de emergencia, no voy a poder dar lo mejor de mí a la gente o a las responsabilidades.

¡Por supuesto que de vez en cuando algo me va a salir mal, pero Tú dices que no me desanime! Sé que estás listo para ayudarme a superarlo. Aunque yo me caiga, ya estás ahí para levantarme. Tú tomas mis problemas y mis presiones y los cargas. Sé que tu yugo es fácil y tu carga es ligera. Yo llevaré tu carga y Tú puedes llevar la mía.

Confío en que me ayudarás a poner en orden mis prioridades y a dejar de hacer malabarismos innecesarios. En los próximos días voy a asegurarme de cuidar de mí misma para poder cuidar de otros. Gracias por ayudarme a relajarme en tu presencia.

LA PALABRA DE DIOS

> Entrégale tus cargas al Señor, y él cuidará de ti; no permitirá que los justos tropiecen y caigan.
>
> SALMOS 55:22 (NTV)

Por tanto, no nos desanimamos. Al contrario, aunque por fuera nos vamos desgastando, por dentro nos vamos renovando día tras día.

2 CORINTIOS 4:16 (NVI)

No temas, porque yo estoy contigo; no te desalientes, porque yo soy tu Dios. Te fortaleceré, ciertamente te ayudaré, sí, te sostendré con la diestra de mi justicia.

ISAÍAS 41:10 (LBLA)

Querido Dios, El que arregla todo

Detesto cuando veo un lío que se pudiera arreglar fácilmente. En solo un par de minutos, una solución fácil, un cambio rápido, una idea nueva, un pequeño sistema… hay cosas minúsculas que pueden hacer una gran diferencia. Veo cosas muy fáciles de arreglar por todos lados. "Por qué será que ella simplemente no hace esto…". "Una solución fácil para eso sería…". "Eso no volvería a suceder sin tan solo…". "A veces pienso que pensar así es un gran talento. ¡Otras veces me vuelve loca!

Estoy tratando de arreglar cada lío en mi día, en mi semana, en mi horario, ¡en mi casa!, ¡en mi vida! ¡Es agobiante! ¡Puedo ver con facilidad cómo deben ser las cosas, pero lograr que en realidad sean así... ¡Ufff!

Honestamente, no me tomo el tiempo de orar por la mayor parte de estas cosas. Cuando pienso qué es lo que debo hacer, simplemente lo hago inmediatamente. Es tan automático como cerrar la llave de agua después de lavarse las manos. Creo que realmente el problema es que yo *creo* saber lo que hay que hacer, pero no sé lo que *Tú* quieres que haga.

Lo que yo estoy tratando de que suceda no siempre concuerda con lo que Tú quieres que suceda. Cuando estoy tratando de hacer que algo suceda me estoy apoyando en mí misma; no en ti. Eso llega a ser muy agobiante y la cabeza no para de dar vueltas. ¡Mi frustración crece y empiezo a sentirme como un fracaso!

En ninguna parte de la Biblia dice: "vayan por todo el mundo y tomen todas las ansiedades de ellos y arreglen todos sus problemas". Creo que estaba empezado a escribir las nuevas reglas del cielo. Tú quieres que acuda a ti y que ponga mis problemas a tus pies.

Cuando hablo contigo al respecto, empiezo a recibir la perspectiva del cielo. A grandes alturas, las cosas que parecen enormes y monumentales comienzan a verse desde un punto de vista eterno y se vuelven más fáciles de manejar. Tengo que aprender un nuevo procedimiento. Cuando vea algo que necesita arreglo debo hacer una pausa, orar, escucharte y apoyarme en tu habilidad... ¡no en la mía!

¡Siento como si me hubieran quitado un gran peso de encima! No es mi responsabilidad hacer que todo esto suceda. ¡No tengo la capacidad de hacerlo, pero Tú sí!

Gracias, Padre, por estar conmigo en cada paso del camino y por ser el que mejor arregla todo.

LA PALABRA DE DIOS

Dichosos los que saben aclamarte, Señor, y caminan a la luz de tu presencia;

SALMOS 89:15 (NVI)

Yo les he dicho estas cosas para que en mí hallen paz. En este mundo afrontarán aflicciones, pero ¡anímense! Yo he vencido al mundo.

JUAN 16:33 (NVI)

Bueno es el Señor; es refugio en el día de la angustia, y conoce a los que en él confían.

NAHÚM 1:7 (NVI)

Querido Dios, ¿Ahora sí me puedes oír?

Cuando invoco tu nombre, a veces miro hacia el cielo y parece como si el cielo estuviera eternamente lejos. ¿Me podrás oír desde acá? ¿Aló? ¿Ahora sí me puedes oír?

Me olvido de que cada vez que pronuncio el nombre "Jesús", todo el Cielo y la tierra pueden oír. No solamente el Cielo y la tierra sino también el enemigo. Tu nombre es como una llamada local. Tu nombre está por encima de cada reino. Tu nombre es todopoderoso. El nombre de Jesús es el nombre sobre todo nombre que ha existido o que existirá.

¡A donde quiera que esté —aunque esté en un lugar donde sé que no debería estar— el nombre de Jesús sigue siendo una llamada local desde allí, y trae consigo todo el PODER!

Cuando pronuncio ese nombre, cada rodilla se doblará. Cuando digo ese nombre, todos los reinos prestan atención. Cuando proclamo ese nombre, todo tiembla y vuelve a su orden Celestial. Cuando declaro tu nombre, invoco tu promesa.

¡No hay palabra, frase u oración más poderosa en todo el universo que el nombre de JESÚS! ¡Y me has dado la autoridad de usar tu nombre! ¡Qué confianza has puesto en mí, Señor!

¡Ya no me preocupa la cercanía o la claridad de la llamada! Voy a empezar a mencionar el nombre de Jesús cuando haga la llamada. Jesús, Jesús, ¡JESÚS! ¡En el nombre de Jesús, por la sangre de Jesús!

¡La salvación ocurre con tu nombre! La sanidad sucede al mencionar tu nombre. Soy justificada en tu nombre. El enemigo no tiene poder sobre tu nombre. ¡Todo lo que hago es en tu nombre!

¡Gracias, Señor, por la disponibilidad, la confianza, la habilidad y el poder para proclamar y orar en tu nombre!

LA PALABRA DE DIOS

Por lo cual Dios también le exaltó hasta lo sumo, y le dio un nombre que es sobre todo nombre,

para que en el nombre de Jesús se doble toda rodilla de los que están en los cielos, y en la tierra, y debajo de la tierra;

FILIPENSES 2:9-10

Cuando los setenta y dos discípulos regresaron, le informaron llenos de alegría:

—¡Señor, hasta los demonios nos obedecen cuando usamos tu nombre!

LUCAS 10:17 (NTV)

Porque todo aquel que invocare el nombre del Señor, será salvo.

ROMANOS 10:13

Y esto erais algunos de vosotros; pero fuisteis lavados, pero fuisteis santificados, pero fuisteis justificados en el nombre del Señor Jesucristo y en el Espíritu de nuestro Dios.

1 CORINTIOS 6:11 (LBLA)

Querido Dios, Necesito ser una intrusa

¿De cuántas situaciones me has librado, me has sacado o has hecho un milagro y yo termino atribuyendo el milagro a una coincidencia? ¡Lo que es aún peor es que ni siquiera me dé cuenta de lo que hiciste por mí!

Se me quitó el dolor de cabeza y dije que el ibuprofeno por fin me hizo efecto. El resfriado me duró un día en lugar de una semana y yo hice alarde de mi sistema inmunológico. Llegó el dinero que necesitaba y yo dije: "¡ya era hora!". Los niños se aplacaron y estaba tan preocupada por no volverme loca, que no me di cuenta cómo sucedió. ¡Mi jefe cambió de parecer acerca de las tonterías que estaba diciendo y yo pensé que él finalmente había recuperado su cordura… o no! (¡ja, ja!)

Te gusta hacer cosas por mí. Te deleitas en derrotar al enemigo y permitir que yo tenga la victoria. Me has dicho en tu Palabra que eres el Proveedor, el Libertador, el Redentor, el Sanador... y mucho más.

Lo único que esperas de mí es que yo reconozca que eres TÚ y no yo. Que fue tu poder para hacer milagros y no una casualidad. Que fue tu tiempo divino y no una coincidencia. Que fue tu poder sanador y no un mal diagnóstico.

Oro y mantengo la esperanza de recibir algunas cosas durante minutos, horas, semanas y hasta MESES. ¿Y cuando sucede lo tomo como si fuera sólo una señal de tráfico más que pasé a toda velocidad en la carretera de la vida? ¿Cómo es que me detengo a mirar cuando veo un accidente en la autopista, pero continuo con ojos perdidos hacia el frente cuando paso al lado de algo que Tú has hecho por mí?

Me he enojado antes con los conductores intrusos por desacelerar, pero es exactamente lo que necesito hacer yo. Necesito desacelerar y prestar atención a todo lo que has hecho por mí.

Le dijiste a los Israelitas que levantaran un memorial para que no se olvidaran de lo increíblemente bueno que fuiste con ellos. Tú sabes que mi tendencia humana es seguir por mi camino. Ya no lo haré más, Señor.

Vas a usar mi milagro para demostrarle a otros cuán grande eres. Tú vas a atraer a la gente hacia ti, a través de tu bondad, si yo simplemente cuento lo que has hecho por mí. Y lo haré. Me detendré, miraré y hablaré, ¡hablaré de tu grandeza!

Tomarme el tiempo para ser una intrusa y fijarme en lo increíblemente extraordinario que has sido conmigo, ¡es lo mejor que puedo hacer!

LA PALABRA DE DIOS

¡Vengan y vean las proezas de Dios, sus obras portentosas en nuestro favor!

SALMOS 66:5 (NVI)

Lo hago para que todos los que vean este milagro comprendan lo que significa: que el Señor es quien lo ha hecho, el Santo de Israel lo ha creado.

ISAÍAS 41:20 (NTV)

Prefiero recordar las hazañas del Señor, traer a la memoria sus milagros de antaño.

SALMOS 77:11 (NVI)

Querido Dios, Sueños

A veces me entusiasmo mucho por los sueños que has puesto en mi corazón. ¡Pareciera que puedo cerrar mis ojos y ver esas cosas increíbles con tal claridad que pienso que son reales! Hasta que algo me trae a la realidad de repente. Es como si viviera en una dimensión paralela.

Sin embargo, estoy aprendiendo que no puedo contar mis sueños a cualquiera. No todos ven en mí lo que Tú ves. ¡Santo cielo! Y no les importa hacérmelo saber. ¿En serio?

No es simplemente que sienta que no me apoyen; ¡es que parece que hay gente que estuviera resuelta a *matar* mi sueño y hacerme fracasar! ¿Por qué? ¿Por qué se sienten tan amenazados por el sueño que hay en mi corazón?

¡Tú has sembrado un *deseo* tan fuerte dentro de mí! ¡Y ellos han sembrado tantas *dudas*!

Tengo que recordar que eres Tú quien determina mi futuro y ningún ser humano puede cambiarlo. Solamente *yo* puedo permitir que mi sueño muera. ¡Teniéndote a ti a mi lado, eso no va a ocurrir! ¡Hoy no, Satanás!

¡Digan lo que digan acerca de mí —sea que la gente crea o no en mí— hay un Dios que cree en mí! Tú me creaste con un propósito. ¡No necesitabas un cuerpo más, sino que me querías a *mí*! Me persigues a propósito; me creaste con un plan específico en mente: ¡un sueño que no es solamente mío, sino tuyo! ¡Y quieres hacerlo realidad a través de MÍ!

Gracias a ti puedo creer en mí misma, aunque nadie más lo haga.

¡No me hubieras dado este sueño a menos que ya supieras cómo hacerlo realidad! No debo ser yo quien haga que las cosas ocurran. ¡Simplemente debo seguir los pasos que has predestinado para mí!

Mucha gente quiere alcanzar un sueño sin hacer la travesía. Quieren llegar a la meta sin correr la carrera; quieren la promesa, pero no el proceso. Esa no va a ser mi actitud. ¡Estoy dispuesta a aceptarlo todo!

¡Eres un Dios que convierte un "no puedo" en "sí puedo"! ¡Conviertes los sueños en planes! A pesar de los problemas, el estrés, los criticones, o los líos, ¡estas abriendo camino para mi sueño!

Mis deseos no son simplemente fantasías extravagantes; ¡me diste estos deseos para hacerlos realidad Tú mismo! Es un honor compartir un sueño contigo. Estoy lista para vivir los sueños, planes y propósitos que tienes para mí.

LA PALABRA DE DIOS

Pon tu delicia en el Señor, y Él te dará las peticiones de tu corazón.

SALMOS 37:4 (LBLA)

Te conocía aun antes de haberte formado en el vientre de tu madre; antes de que nacieras, te aparté y te nombré mi profeta a las naciones.

JEREMÍAS 1:5 (NTV)

Por el Señor son ordenados los pasos del hombre, y el Señor se deleita en su camino.

SALMOS 37:23 (LBLA)

Querido Dios, Me siento perdida

¿Adónde estoy? Estoy en medio de todo, haciendo lo posible para manejarlo todo, y de alguna manera, siento que no estoy avanzando. Me acuesto más tarde, me esfuerzo más, doy lo mejor de mí y cuando caigo en la cama siento que he estado trabajando en vano. No he logrado nada. ¡Me siento perdida!

La canción "Sublime gracia" (Amazing Grace) me viene a la mente cada vez que me digo eso. "Estaba perdido…". Esa soy yo. Necesito que me encuentres. Encuéntrame, y muéstrame adónde ir. ¿Por qué no te puedo oír? ¿Por qué no puedo ver lo que tienes para mí?

Siento que estoy en la *oscuridad.* ¿Puedes iluminar mi camino? ¡Tú todo lo sabes!

Quiero que ilumines lo que está sucediendo a mi ALREDEDOR. Pero quizás Tú quieres iluminar lo que está sucediendo DENTRO de mí.

Tu palabra dice que cuando no ando en amor, estoy en la oscuridad. Entonces pienso, ¿con quién estoy enojada? ¿Quién me está volviendo loca? ¿Por qué he dejado de andar en amor y me encuentro en la oscuridad por ellos? ¿A quién no he perdonado? ¿A quién estoy culpando por mi situación?

En lugar de culpar a alguien por mi situación, debería usar esa energía para confiar en que Tú me vas a sacar de aquí. La ira, el resentimiento, la irritación, echarle la culpa a otros y el odio me alejan de ti.

Si Jesús, colgado de la cruz, oró, "perdónalos porque no saben lo que hacen", entonces debo encomendarte lo que me han hecho a mí... y soltarlo. Al no soltar estas heridas continúo anclada en este lugar de confusión y oscuridad.

El conocimiento es poder. Dios, no puedo hacer esto sola, ¡pero contigo TODO lo puedo! Ayúdame a perdonarlos y a andar en tu amor. Tú ERES amor. ¡Entonces se enciende tu luz! Tú iluminas mi camino.

Y no solo iluminas mi situación y me ayudas a ver las cosas más claramente, ¡sino que me permites ver a dónde quieres llevarme! ¡Ya no estoy perdida! Puedo ver el camino que quieres que siga, está justo delante mío y ¡Tú lo has iluminado con tu luz!

¡Señor, estoy cansada de estar perdida! Renuncio a eso. Renuncio a ellos. Ya no voy a aferrarme a esta oscuridad. ¡La suelto! Amaré a las personas que no me agradan. Ahora ilumíname y guíame. ¡Salgamos de aquí! ¡Vamos a hacer las cosas inmensas que sé que has planeado para mí!

LA PALABRA DE DIOS

El que afirma que está en la luz, pero odia a su hermano, todavía está en la oscuridad.

1 JUAN 2:9 (NVI)

Pero el que odia a su hermano está en la oscuridad y en ella vive, y no sabe a dónde va porque la oscuridad no lo deja ver.

1 JUAN 2:11 (NVI)

Lámpara es a mis pies tu palabra, Y lumbrera a mi camino.

SALMOS 119:105

Si afirmamos que tenemos comunión con él, pero vivimos en la oscuridad, mentimos y no ponemos en práctica la verdad. Pero, si vivimos en la luz, así como él está en la luz, tenemos comunión unos con otros, y la sangre de su Hijo Jesucristo nos limpia de todo pecado.

1 JUAN 1:6-7 (NVI)

Querido Dios,
Si te quejas, te quedas

No vas a creer el día que tuve. ¡En serio! El día de hoy batió el récord. Ha sido una sucesión de errores por incompetencia *por todas partes.*

¿Qué? ¿No quieres que te cuente los detalles? ¿Eh? ¿Que deje de hablar? ¿Yo pensé que querías saber acerca de mis retos?

¿Ah? ¿Quieres escuchar sobre problemas *de verdad* y no acerca de mis quejas sin sentido? Bueno... supongo que hay una diferencia.

Los israelitas lo hicieron. Se quejaron acerca de tu milagro del Maná caído del cielo y querían carne en su lugar. Ellos vieron cómo abriste el Mar Rojo de una manera asombrosa y tan solo tres días después se quejaron, y aun dudaron, de que les pudieras proporcionar agua. ¡Acababan de verte hacer milagros! ¡Pero yo también te he visto hacer mucho por mí!

Así debo sonar yo cuando no soy agradecida; cuando las cosas no están al nivel que yo pretendo. Si te quejas, te quedas... ¡eso fue lo que les sucedió a los israelitas por *cuarenta años*! ¡No quiero quedarme atascada en modo de espera! ¡Mejor voy a levantarme y alabarte!

Al examinar tu Palabra, me dice que debo dar gracias por *todo*. ¿Qué queda afuera de eso? Nada. No queda nada. Dice todo.

¿En todo caso, de que me podría quejar? Has apartado montañas, haz hecho posible lo imposible, has movido cielo y tierra, has enviado a Jesús a morir por mí, ¡y me has extendido más misericordia y gracia de la que pudiera necesitar!

Si no puedo ver que estás obrando por mí, significa que estoy ciega y no puedo ver con claridad cuán bueno eres. Me has salvado de más cosas de las que pudiera imaginar.

¡Empecé quejándome y ahora quiero disculparme!

Cuando elijo darte las gracias, en fe, por las circunstancias que no me gustan, ¡esa es mi fe en acción! Te agrada la fe, pero no las quejas. No te puedo reprochar eso, Padre, porque cuando la gente se queja conmigo, ¡también me molesta!

Así que, en vez de cansarte con tonterías, confiaré en que cualquier situación de la que me esté quejando es insignificante al lado del infierno y las penas de las cuales me has librado. ¡Dichosamente, no me he enterado y simplemente te voy a dar las gracias!

Gracias por ser paciente conmigo. Gracias por amarme aun cuando me ponga fastidiosa. Gracias por instruirme. Gracias por aceptarme tal como soy, por amarme demasiado como para dejarme así.

¡Eres tan bueno conmigo, Dios! Hiciste el día de hoy justo para mí. ¿Y adivina qué? ¡Voy a salir a disfrutarlo!

LA PALABRA DE DIOS

Dad gracias en todo, porque esta es la voluntad de Dios para con vosotros en Cristo Jesús.

1 TESALONICENSES 5:18

Ni murmuréis, como algunos de ellos murmuraron, y perecieron por el destructor.

1 CORINTIOS 10:10

Este es el día que hizo Jehová; Nos gozaremos y alegraremos en él.

SALMOS 118:24

Querido Dios, ¿Es que nadie me ve?

Bueno, si es que siquiera estás ahí… ¿Será que a alguien le importo? ¿Es que nadie ve que estoy aquí? Siento que estoy pidiendo ayuda a gritos y agitando los brazos de un lado a otro sin que nadie se detenga a verme. Es como si fuera... INVISIBLE.

No creo que nadie sepa dónde estoy. ¡Pero Tú lo ves todo!

Tú viste cuando obligaron a Agar a tener el hijo de un hombre que nunca la amaría. Ella huyó al desierto, pero no la dejaste allí para que muriera. Enviaste a uno de tus ángeles para que la encontrara. Ella sabía que no había manera de que alguien la encontrara. Por eso ella te dio un nuevo nombre: Eres-El-Dios-Que-Ve.

Tú viste a David, el pastorcito de ovejas, cuando aparentemente había sido olvidado, ignorado, y dejado oculto en un cerro, mientras todos sus hermanos hacían fila para ser el próximo rey. No ibas a permitir que se llevara a cabo ese ascenso sin que estuviera presente tu candidato. David pasaba desapercibido para los ojos humanos, pero era visible en el Espíritu. ¡Tú eres el Dios que ve!

Cuando Ana estaba estéril, afligida y abatida, no hiciste oídos sordos a su clamor. La escuchaste gritar tu Nombre. Viste cada lágrima. Tu paciencia no fue crueldad; fue intencional. Necesitabas que un profeta llamado Samuel, naciera en una fecha específica para que pudiera ser tu voz en la tierra.

No era que no la vieras. No era ignorancia indolente. Era que había una fecha específica que Tú habías escogido. Eres el Dios que ve.

¡Quizá eso es lo que me está sucediendo a mí!

Quiero que empieces a actuar ahora mismo, de una manera en que yo te pueda ver. Sin embargo, Tú prefieres esperar para hacer mi milagro en el momento en que tendrá más impacto.

Más gloria para ti y más bondad para mí. No es que Tú seas miope. Tampoco es que yo me haya puesto ropa camuflada sin darme cuenta. Tus ojos han recorrido toda la tierra acomodando todo. Tienes buena visión y tienes tu mirada puesta en mí. Tu plan es excepcional y calculas el momento oportuno.

He estado esperando que alguien se diera cuenta de mi situación. Tú me has estado escondiendo para que yo no me adelante demasiado y me pierda de todas las bendiciones que has estado reuniendo para mí.

Está bien, Dios, te veo. Veo que me estás mirando. Estamos mirándonos a los ojos. Te llamo "El-Dios-Que-Ve" y voy a pasar mi día en paz. ¡Confío en ti!

LA PALABRA DE DIOS

E hizo voto, diciendo: Jehová de los ejércitos, si te dignares mirar a la aflicción de tu sierva, y te acordares de mí, y no te olvidares de tu sierva, sino que dieres a tu sierva un hijo varón, yo lo dedicaré a Jehová todos los días de su vida, y no pasará navaja sobre su cabeza.

1 SAMUEL 1:11

Elí respondió y dijo: Ve en paz, y el Dios de Israel te otorgue la petición que le has hecho.

1 SAMUEL 1:17

Entonces dijo Samuel a Isaí: ¿Son estos todos tus hijos? Y él respondió: Queda aún el menor, que apacienta las ovejas. Y dijo Samuel a Isaí: Envía por él, porque no nos sentaremos a la mesa hasta que él venga aquí.

1 SAMUEL 16:11

Porque los ojos de Jehová contemplan toda la tierra, para mostrar su poder a favor de los que tienen corazón perfecto para con él. Locamente has hecho en esto; porque de aquí en adelante habrá más guerra contra ti.

2 CRÓNICAS 16:9

Querido Dios,
Un ancla no deseada

Estoy saltando para tratar de alcanzar los destellos en el aire, pero solamente estoy dando saltos... sin lograr elevarme. Vuelvo a caer al suelo. Es como si estuviera amarrada a un ancla que no puedo ver. ¡Solo me deja avanzar hasta cierto punto y PUM! ¡Me vuelve a jalar hacia abajo!

Dices que quieres hacer algo nuevo en mí, aunque no lo pueda ver. ¡Quieres que remonte vuelo con alas como las ÁGUILAS!

Sin embargo, un águila no lleva una correa en su pata. Tú ves lo que me está sujetando. Sabes que parte de mi vida me tiene frenada. Después de todo, no eres Tú quien me detiene. ¡Deseas mi libertad tanto como yo!

Ves mi orgullo, mi poca disposición, mi rebelión, mi terquedad, mi egoísmo, la manera en que persigo el dinero en lugar de perseguir la grandeza, la manera en que anhelo ser el foco de atención en lugar de anhelar tu Espíritu.

Has abierto la jaula. Has roto las cadenas que me ataban.

Sin embargo, aún tengo que comprometerme a dejar lo que me resulta familiar. Nunca había tenido una jaula tan buena, quiero decir una casa tan buena. Nunca había recibido tanto prestigio o atención. Eso es lo que me tiene amarrada aquí.

Mi éxito, en la carne, es lo que me tiene amarrada. Tengo que soltarme yo, y no simplemente esperar que alguien me ponga en libertad. Tengo que confiar en lo que Tú quieres que haga en lugar de apoyarme en lo que yo puedo hacer en mis propias fuerzas.

¿Será que las mejores cosas de mi vida son las razones por las cuales no me remonto a las alturas que realmente quiero?

¿Será que me estoy aferrando a lo que tengo y eso me mantiene amarrada en este lugar?

Quieres llevarme a nuevos lugares, que en realidad es el mismo lugar donde estoy, solo que más alto: el mismo trabajo, pero con el propósito y la satisfacción que siempre he querido. La misma gente, pero con la intimidad que siempre he anhelado. Y un amor tan fresco e incontenible como la primera vez., cuando todo era nuevo y emocionante.

La misma vida, pero con un entusiasmo, un vigor y una emoción increíbles, ¡como si fuera Navidad!

¡Dios, estás haciendo algo nuevo! ¿No lo veo? ¿No confío en ti? ¡Sí! ¡Sí! ¡SÍ!

Las cadenas han caído, y no voy a hundirme nuevamente en la misma mentalidad, estado de ánimo y actitud de antes. ¡Estoy lista para soltar esa ancla y dejar que me ayudes a REMONTARME!

LA PALABRA DE DIOS

> Como las aves, hemos escapado de la trampa del cazador;
> ¡la trampa se rompió, y nosotros escapamos!
>
> SALMOS 124:7 (NVI)

> Pero los que esperan a Jehová tendrán nuevas fuerzas; levantarán alas como las águilas; correrán, y no se cansarán; caminarán, y no se fatigarán.
>
> ISAÍAS 40:31

> Y acontecerá en aquel día —declara el Señor de los ejércitos— que quebraré el yugo de su cerviz y romperé sus coyundas, y extraños no lo esclavizarán más,
>
> JEREMÍAS 30:8 (LBLA)

Querido Dios, Soltera y disponible

Aquí estoy, mirando a todas estas parejas casadas tan románticas y enamoradas a mi alrededor. Mi tarjeta de invitación no incluía "acompañante". ¡Quiero mi acompañante! No cualquier acompañante... quiero a la persona que creaste para mí. Mi colega. Mi amigo. ¡Un mejor amigo!

Me siento como una "mitad" tratando de encontrar mi otra parte. Sé que eso no es verdad. Sé que estoy COMPLETA en ti. Honestamente, sé que si estoy esperando que alguna persona me dé lo que Tú has prometido darme, entonces hago que se retrase *mi* bendición o la anulo completamente.

No hay nadie en este planeta que me pueda hacer sentir el amor y la aprobación que Jesús me dio al morir. Te pondré en primer lugar y prometo no emocionarme demasiado para no hacer las cosas al revés... porque entonces no vas a darme tu bendición.

¡Sin embargo, ahora mismo me siento desolada! En un planeta de ocho mil millones de personas, no quiero seguir en esta jornada sola. Por eso me llamas "*Mi Deleite*" y me llamas "*Mi Esposa*". Dios, Tú me llamas tu esposa. ¡Dios, tú dices que tu deleite está en mí! No es solamente un deseo mío. ¡Sé que Tú eres mejor que una página web para citas, y Tú estás buscando a mi esposo!

Así como Abraham le pidió a su sirviente que le trajera una esposa a Isaac, estás trabajando para conectarme con la persona que siempre supiste que sería mi amor y mi futuro. No estoy enviando a un sirviente de mi familia. Te tengo a ti, el Dios del Universo, ¡haciendo todos los arreglos para mí!

Mientras tanto, no estoy sola. Eres mi esposo y mi creador. Has prometido cuidar de mí mejor que cualquier esposo terrenal. Eres mi "acompañante" hasta que ese guapo que tienes para mí aparezca. No estoy sola. Estoy bien cuidada mientras camino hacia la persona que tienes para mí.

No me voy a conformar, Señor. Voy a asegurarme que te ame tanto como yo te amo. Voy a asegurarme que me ame como yo lo amaré. ¡Y te serviremos JUNTOS!

Confiaré en que Tú sabes cuál es el tiempo oportuno. ¡Si las cosas no me han resultado aún, creo que tu voluntad nunca es darme algo inferior sino algo superior! Mi príncipe azul es un hombre que está esperando y orando por mí, así como yo estoy orando por él.

Señor, envíamelo y confía en mí para cuidarlo como Tú. Confía en mí para edificarlo y ser sensible a sus sentimientos, esperanzas y sueños.

Me has enseñado lo que se siente ser BIEN AMADA. ¡Yo volcaré todo eso sobre el precioso hijo tuyo que vas a poner en mi camino!

LA PALABRA DE DIOS

> Serás en la mano del Señor como una corona esplendorosa, como una diadema real en la palma de tu Dios. Ya no te llamarán «Abandonada» ni a tu tierra la llamarán «Devastada»; sino que serás llamada «Mi deleite», tu tierra se llamará «Mi esposa»; porque el Señor se deleitará en ti y tu tierra tendrá esposo.
>
> ISAÍAS 62:3-4 (NVI)

> El que halla esposa halla algo bueno y alcanza el favor del Señor.
>
> PROVERBIOS 18:22 (LBLA)

> Pues tu Creador será tu marido; ¡el Señor de los Ejércitos Celestiales es su nombre! Él es tu Redentor, el Santo de Israel, el Dios de toda la tierra.
>
> ISAÍAS 54:5 (NTV)

> Luego Dios el Señor dijo: «No es bueno que el hombre esté solo. Voy a hacerle una ayuda adecuada».
>
> GÉNESIS 2:18 (NVI)

Querido Dios,
Eso ya lo sé

Detesto admitirlo, pero a veces no le pongo atención a la gente porque ya sé lo que van a decir. EN SERIO, ¿qué necesidad tienen de contarme todos esos detalles? Tendría tiempo de escribir un libro y pintar mi casa antes de que terminen de hablar. ¡A nadie le importa lo que uno cuenta!

Cuando voy a la iglesia y están hablando acerca de un relato bíblico que ya he escuchado o de un versículo que ya me he aprendido, pienso, ¿OTRA VEZ? No quiero escuchar acerca de algo que ya sé o con lo que ya estoy familiarizada. ¡QUIERO ALGO NUEVO!

Sin embargo, muchas de las cosas que Tú haces se parecen a algo que ya hemos visto antes. No era solamente otro bebé pobre nacido en un barrio de pocos recursos. ¡Era el Salvador del mundo entrando a nuestro ámbito!

No era un ladrón mentiroso siendo crucificado por sus delitos. Era el plan para que el Velo que separaba el Cielo y la Tierra fuera rasgado y la gracia inundara la Tierra.

No era simplemente otra nube en el cielo. Era tu misma GLORIA llenando la iglesia y tocando a TUS hijos dulces y amados.

No debo considerar las cosas como algo común y corriente solo porque pareciera ser algo que ya he visto antes.

Él no era SIMPLEMENTE el hijo de un carpintero. Él era el Verbo hecho carne y vivió entre nosotros.

No es SIMPLEMENTE adoración. Es un momento íntimo en que mis alabanzas bendicen al Rey.

No es SIMPLEMENTE una oración. Es una conversación importante con el Creador del Universo.

No es SIMPLEMENTE un versículo. Es una Palabra relevante que contesta las preguntas que me estoy haciendo.

No es SIMPLEMENTE un mensaje. Es una revelación, conectada divinamente con mi espíritu, acerca de tu cuidado por mí; es aliento para mi alma.

Tengo que estar dispuesta a mirar las cosas que me parecen conocidas para tratar de ver lo que no he visto antes. El escepticismo y la duda me impedirán recibir la gloria, la sabiduría, el poder y la bendición que has enviado para mí.

Perdóname, Dios, por hacer de las cosas maravillosas, que me son familiares, algo común y corriente. Perdóname, Señor. Te veo; y cuando no te vea, te buscaré en medio de las cosas que estoy pasando por alto y que pienso que ya las he visto antes.

LA PALABRA DE DIOS

> Entonces una nube cubrió el tabernáculo de reunión, y la gloria de Jehová llenó el tabernáculo.
>
> Y no podía Moisés entrar en el tabernáculo de reunión, porque la nube estaba sobre él, y la gloria de Jehová lo llenaba.
>
> ÉXODO 40:34-35

> Y mañana por la mañana verán la gloria del Señor. Ya él sabe que ustedes andan murmurando contra él. Nosotros no somos nadie, para que ustedes murmuren contra nosotros.
>
> ÉXODO 16:7 (NVI)

> Y dio a luz a su hijo primogénito, y lo envolvió en pañales, y lo acostó en un pesebre, porque no había lugar para ellos en el mesón.
>
> LUCAS 2:7

> Y decían: ¿No es éste Jesús, el hijo de José, cuyo padre y madre nosotros conocemos? ¿Cómo, pues, dice éste: Del cielo he descendido?
>
> JUAN 6:42 (RVR 1960)

Querido Dios,
Presión

Se siente presión al alcanzar nuevas alturas. Cuando empiezo a elevarme, cuando empiezo a ascender, siento que el aire es más pesado. ¡Es más difícil respirar!

Hay más gente que depende de mí. El trabajo es más arduo. El foco de atención es más intenso. La presión *espiritual* aumenta. Así que, tiendo a retroceder hasta el mismo lugar del que quiero salir. Es un lugar familiar y cómodo, pero no es cómodo. ¡No quiero estar aquí! Casi no puedo respirar.

Estoy tan enojada conmigo misma, confundida acerca de cómo llegue aquí, ¡e irritada! Siento que me están saboteando... pero ¿quién? ¿yo? ¿Tú? No, el enemigo. Él está usando esta presión en mi contra.

Acepto el reto, y sé que es aquí donde *debo* estar. Jesús, moriste para darme libertad. Me has dado oportunidades. Me has dado los talentos para estar aquí, aunque estar en este lugar nuevo me haga dudar de mí misma, desde lo más profundo de mi corazón.

La duda, la presión y la falta de confianza en uno mismo son instrumentos del enemigo para que uno retroceda y se dé por vencido. ¡Estas cosas no son reales! ¡Son mentiras sombrías del enemigo! ¡Guerra espiritual!

¡Una sombra no me puede lastimar! Puedo caminar a través de ella. Me haces señas desde el otro lado: "*Ven, hija mía. Confía en mí cuando te sientes indigna*". Me pides que suba. Me ayudas a atravesar. Mi ascensión es segura teniéndote a mi lado. ¡Estás aquí mismo!

¡Me estás dando ánimo! Me estás invitando a remontarme a nuevas alturas. ¿A quién le voy a poner atención? ¿Voy a dejar que una sombra me atemorice como a un niño?

¡Hoy no, Satanás! ¡Se acabó tu juego! ¡Te veo merodeando! Tus semillas espeluznantes y sombrías de duda son arrancadas de raíz, ahora mismo. ¡Cuando entra la luz, las tinieblas huyen!

Dios, te invito a acompañarme en medio de estos sentimientos de presión e inseguridad. Eres más grande que cualquier sentimiento. ¡Confío en que Tú me sostendrás cuando yo no pueda sostenerme sola!

¡Me quedaré en estas nuevas alturas! ¡No voy a retroceder!

LA PALABRA DE DIOS

El Señor es mi luz y mi salvación, entonces ¿por qué habría de temer? El Señor es mi fortaleza y me protege del peligro, entonces ¿por qué habría de temblar?

SALMOS 27:1 (NTV)

Aunque ande en valle de sombra de muerte, No temeré mal alguno, porque tú estarás conmigo; Tu vara y tu cayado me infundirán aliento.

SALMOS 23:4

Hijos míos, vosotros sois de Dios y los habéis vencido, porque mayor es el que está en vosotros que el que está en el mundo.

1 JUAN 4:4 (LBLA)

Así que sométanse a Dios. Resistan al diablo, y él huirá de ustedes.

SANTIAGO 4:7 (NVI)

Querido Dios, ¿Qué importancia tiene un nombre?

Hablemos honestamente. ¡La mayoría de las veces hablamos acerca de mí! Acerca de las cosas que necesito escuchar de ti. Acerca de la dirección que necesito. Busco recibir un mensaje tuyo. Me acerco a pedirte que hagas algo.

Pero, en realidad, necesito pasar más tiempo hablando acerca de TI; acerca de quién eres Tú y de lo bueno que eres conmigo. Cuando tengo tiempo para estar contigo, necesito enfocarme mejor en la persona con la que estoy hablando. Te llamo *Dios*. Oro en el nombre de *Jesús*. Sin embargo, tu nombre significa mucho más que eso y describe muy bien quién eres.

Dios significa amor. Tu nombre es *Amor*. Cuando digo tu nombre, estoy diciendo amor. Eres *Rey de Reyes* y *Señor de Señores*. Eres *majestad*. Adornado con vestiduras. Majestuoso. Ceremonioso y formal. Eres *Padre, Abba, Papá*. El Rey de todo el universo, pero también un padre amoroso que me corrige y me recibe en su regazo. ¡Soy el deleite de tu alma!

Eres el Dios-Que-Me-Ve donde estoy y el *Proveedor* de todo lo que necesito, desde el aire que respiro hasta mis necesidades financieras y todo lo demás. Tu nombre es *Sanador* de cualquier enfermedad que tenga mi cuerpo.

Eres el *Amado de Mi Alma*, mi *Redentor* y mi *Justicia*. Todo lo que no puedo obtener por mi propia cuenta. ¡No se trata de lo que tienes, sino de quién eres!

Eres la estrella resplandeciente de la mañana. Eres Luz en toda situación. Y donde EXISTE luz no pueden permanecer las tinieblas. ¡Tu nombre se podría traducir como Destructor de las Tinieblas!

Eres *León de la Tribu de Judá*, suficientemente feroz para ganar cualquier batalla. Pero también, eres *El Cordero*, amable y accesible. Al mismo tiempo, eres mi *Pastor* quien me cuida y me protege. Tu nombre es *Paz*. Eres mi paz.

Eres mi *Estandarte*. Tu bandera sobre mí es amor. Eres quien prepara un buen año para mí. Eres el dueño del ganado que pasta sobre mil colinas. Eres el *Creador*. Creaste el ganado y todo recurso es renovable en tus manos. ¡Tú lo hiciste en primer lugar y lo puedes volver a hacer! ¡Eso incluye un nuevo páncreas o corazón!

Eres el *Alfa y el Omega;* el principio y el fin. Eres el Dios omnisciente que todo lo ve. Cualquier respuesta que necesite, la has tenido desde el principio de los tiempos. No solo eres *Sabiduría,* sino que me la das cuando la pido.

Eres YO SOY. Eres cualquier cosa que necesite. Eres todo lo que pueda faltarme en el mundo. Eres cualquier cosa que necesite saber. Eres lo que necesite en cualquier momento.

¡Tu nombre es Poder! ¡Y ante tu nombre, toda rodilla se doblará!

Padre, Dios, Salvador, Redentor, Proveedor, Creador, Sanador, El que Da Paz, El que Ve, ¡Protector, Estandarte, Paz, Amor... y mucho más! No te he estado llamando por el nombre adecuado. Gracias por ser todo esto para mí. ¡Lo recordaré más frecuentemente cuando invoque TU NOMBRE!

LA PALABRA DE DIOS

> Yo Jesús he enviado mi ángel para daros testimonio de estas cosas en las iglesias. Yo soy la raíz y el linaje de David, la estrella resplandeciente de la mañana.
>
> APOCALIPSIS 22:16

> Y uno de los ancianos me dijo: No llores. He aquí que el León de la tribu de Judá, la raíz de David ha vencido para abrir el libro y desatar sus siete sellos.
>
> APOCALIPSIS 5:5

> Entonces Moisés edificó un altar en ese lugar y lo llamó Yahveh-nisi (que significa «el Señor es mi estandarte»).
>
> ÉXODO 17:15 (NTV)

Querido Dios,
Ver los toros desde la barrera

¿Le puedes decir a esos tontos detrás de la barrera que bajen la voz? Todo el mundo quiere opinar acerca de lo que estoy haciendo. ¡Y la mayoría de ellos ni siquiera se ha animado a intentar hacer lo que yo estoy haciendo!

¿Qué pasa? ¿De repente todos son expertos solo porque pueden buscar algo en Google? Entiendo. Esa información está disponible, pero yo no necesito información. No necesito estadísticas. ¡No necesito ver lo que dice Google, Alexa, Siri o nadie más, a menos que seas TÚ!

Cuando digo que voy a orar al respecto, todo parece avanzar tan lentamente que necesito un calendario en lugar de un cronómetro. Sé que a la gente le gusta hacer todo rápido. Es obvio que la gente trata de hablar como si supiera lo que está pasando. Pero a la hora de la verdad, a menos que hayan hecho lo que yo quiero hacer... realmente no son las personas con las que necesito hablar acerca de esto.

ADEMÁS (sí, ¡en mayúsculas!), si no están dispuestos a orar conmigo para escuchar lo que Tú dices al respecto, no son el tipo de persona que quiero tener en mi comité de expertos. Los planes del hombre vs. los caminos de Dios. ¡Si no oran, no tienen lugar en la junta asesora de mi vida!

¡Hay un asiento para el "presidente" de este comité y te pertenece a ti! Luego sigo yo como la copresidenta de mi vida. ¿Y el resto de los asientos alrededor de la mesa? Necesitan ser ocupados por personas que ya han logrado hacer cosas que siento en mi corazón que quieres que yo también haga.

Necesito a alguien que me pueda indicar dónde están las trampas en el camino; que me aconseje cómo evitar la mortandad, camaradas que me ayuden a evitar caerme. ¡Gente que sea MUCHO MÁS exitosa que yo para que no les importe cuando yo también triunfe!

El orgullo hace hablar a la gente. El orgullo también me va a bajar los humos. Al tonto le gusta escuchar su propia voz. ¡Señor, líbrame del publico detrás de la barrera y envíame asesores Celestiales que te tienen a TI como el pilar de su sabiduría!

LA PALABRA DE DIOS

Donde no hay buen consejo, el pueblo cae, pero en la abundancia de consejeros está la victoria.

PROVERBIOS 11:14 (LBLA)

Bienaventurado el varón que no anduvo en consejo de malos, Ni estuvo en camino de pecadores, Ni en silla de escarnecedores se ha sentado; Sino que en la ley de Jehová está su delicia, Y en su ley medita de día y de noche.

Será como árbol plantado junto a corrientes de aguas, Que da su fruto en su tiempo, Y su hoja no cae; Y todo lo que hace, prosperará.

No así los malos, Que son como el tamo que arrebata el viento. Por tanto, no se levantarán los malos en el juicio, Ni los pecadores en la congregación de los justos. Porque Jehová conoce el camino de los justos; Mas la senda de los malos perecerá.

SALMOS 1:1-6

Querido Dios,
Tiempo sin verte

Parece que hace mucho tiempo que no te visito. No me refiero a: "Hola. Te amo. ¿Pudieras…? ¡Te necesito! ¡Gracias! Amén. ¡Me refiero a una conversación REAL!

No es que no quiera. ¡SÍ QUIERO! ¡Más de lo que crees! Necesito estar contigo. Me da calma. Estar contigo me infunde vida. Me satisface. ¡Me recuerda que no debo tenerlo todo bajo control, porque Tú lo haces por mí!

Sin embargo, las cuentas, el teléfono, los textos, la ropa sin lavar, el trabajo, un correo electrónico más, los chicos, el cansancio, ¡voy a llegar tarde! ¡Uy, eso no lo tenía planeado! ¡ASÍ ES LA VIDA!

¡Todos los segundos y minutos robados que se van acumulando, van restándole al tiempo que planeaba pasar contigo!

Quizás sea porque Tú eres la ÚNICA persona, cosa o situación que no me exige atención inmediata. Tú te sientas y E-S-P-E-R-A-S con tanta paciencia, hasta que yo me dé cuenta de que estoy dando vueltas como la ruedita de colores de mi computadora. ¡Da vueltas y vueltas y nunca parece lograr nada!

Eres un caballero en un mundo lleno de luces, sonidos, avisos, insignias, timbres, alarmas y recordatorios.

La manera en que llamas a mi corazón es tan tenue y dulce… y tan fácil de poner al final de la fila.

¿Por qué será que lo que MÁS necesito es lo que dejo para el ÚLTIMO?

¿Nada más ha dado resultado? Entonces, voy a orar al respecto. El enemigo realmente está jugando a un tremendo juego de distracción. Está tratando de mantenerme alejada de la ÚNICA cosa que me da poder, victoria, valor, fortaleza, bendición, paz. De lo "que me da la ventaja", ¡TÚ! Tú eres quien me hace ingeniosa y capaz.

Señor, ayúdame a desconectarme de todas las tonterías que me "necesitan" y a buscar lo que yo necesito. ¡TE NECESITO A TI!

Y cuando me desconecto del ruido agobiante del mundo y te doy prioridad como el creador del universo y el que me da paz, Tú armonizas la locura de la vida para crear una sinfonía de oportunidad.

Tu sabiduría me guía. ¡Tu conocimiento es supremo! Tu paz fluye como un río. Tu amor me da la capacidad de perdonar y tener compasión. Cuando aparto tiempo para ti, me transformas para dejar de ser una persona frágil que se quiebra fácilmente. ¡Me fortaleces y me conviertes en la persona audaz y llena de fe que Tú creaste!

¡Gracias por no perder la fe en mí! Eres la clase de Padre que pone un anillo en mi dedo y una vestidura sobre mis hombros, aun cuando no lo merezco.

Tengo tanto que decirte....

LA PALABRA DE DIOS

> Porque así dice el Señor: Hacia ella extenderé la paz como un torrente, y la riqueza de las naciones como río desbordado. Ustedes serán amamantados, llevados en sus brazos, mecidos en sus rodillas.
>
> ISAÍAS 66:12 (NVI)

> Así, todos nosotros, que con el rostro descubierto reflejamos como en un espejo la gloria del Señor, somos transformados a su semejanza con más y más gloria por la acción del Señor, que es el Espíritu.
>
> 2 CORINTIOS 3:18 (NVI)

> Así que emprendió el viaje y se fue a su padre. Todavía estaba lejos cuando su padre lo vio y se compadeció de él; salió corriendo a su encuentro, lo abrazó y lo besó. El joven le dijo: "Papá, he pecado contra el cielo y contra ti. Ya no merezco que se me llame tu hijo". Pero el padre ordenó a sus siervos: "¡Pronto! Traigan la mejor ropa para vestirlo. Pónganle también un anillo en el dedo y sandalias en los pies.
>
> LUCAS 15:20-22 (NVI)

Querido Dios, Celosa del gozo

¡Cuando estoy en una tienda y la gente pasea por los pasillos tarareando y cantando, me pone los nervios de punta! ¿Será que yo, internamente, anhelo estar tan feliz como ellos? ¿En serio me molesta que ellos estén gozosos? ¿Estoy celosa del gozo?

Bueno, si estoy celosa del *fruto del Espíritu* que ellos tienen, ¿entonces qué debo hacer para obtenerlo?

La Biblia dice que cuando confío en TI (no en mí), en TI (no en mi trabajo), en TI (no en que ellos hagan lo correcto), en TI (no en que yo trabaje más) ...cuando confío en TI, viene el gozo y la paz.

Si no tengo gozo y paz, lo cual ahora mismo me está costando (por eso me fastidia la gente feliz), es un problema de confianza. ¿Por qué no confiaría en ti? ¡Qué locura! Tú tienes el poder de encargarte de cualquier cosa.

Creo que necesito hablar más a menudo contigo. Cuando estoy contigo, cuando estoy en tu presencia, soy feliz. Cuando me olvido de nuestras reuniones matutinas es cuando empiezo a ponerme gruñona. Bueno, para ser honesta, algunas veces, ¡al llegar la tarde necesito RECARGAR el gozo!

Cuando estoy en tu presencia, recuerdo tus promesas. Cuando leo tu Palabra, recuerdo tus promesas. Cuando oro, recuerdo tus promesas. Cuando vivo en tus promesas y no en mis problemas, hay un cambio en mi mente y en mi corazón.

Probablemente, por esa razón me dices que ore sin cesar. ¡Necesito una infusión constante de gozo! No necesito "gozarme" una sola vez. Necesito REGOCIJARME una y otra vez.

¡Puedo hacerlo! Puedo confiar en que te encargarás de este problema, puedo apoyarme en tu promesa, y empezar a abrir mi boca para hablar de las cosas por las que estoy agradecida en lugar de las cosas que quisiera cambiar. Como esa señora que está cantando. ¡Un momento... creo que me sé esa canción!

Al pasar unos cuantos minutos contigo hay un pequeño ajuste en mi corazón y empiezo a sentir que las cosas están cambiando en mi corazón y en mi mente. Voy a seguir hablando contigo. ¡Cuando soy agradecida, mi corazón se llena! ¡Ahora estoy gozosa!

¡Es más, estoy llena de GOZO! Ahora estoy riéndome y la gente me está mirando raro. ¡De repente, yo soy la persona feliz que molesta en la tienda! ¡Gracias Dios!

LA PALABRA DE DIOS

Que el Dios de la esperanza los llene de toda alegría y paz a ustedes que creen en él, para que rebosen de esperanza por el poder del Espíritu Santo.

ROMANOS 15:13 (NVI)

Me darás a conocer la senda de la vida; en tu presencia hay plenitud de gozo; en tu diestra, deleites para siempre.

SALMOS 16:11 (LBLA)

Estad siempre gozosos; orad sin cesar; dad gracias en todo, porque esta es la voluntad de Dios para vosotros en Cristo Jesús.

1 TESALONICENSES 5:16-18 (LBLA)

Querido Dios,
¿Por qué digo lo que veo?

Me acuerdo de un juguete para niños pequeños en el cual jalabas la cuerda (creo que ahora hay una palanca) y daba vueltas hasta que la flecha se detenía en un cuadro con una escena. Al detenerse decía lo que había en esa escena.

Hasta un aparato sin cerebro puede decir lo que ve. Eso no requiere mucha fe, sabiduría ni confianza. Sin embargo, yo actúo como un "Lo Ves y lo Dices" humano. Veo con mis ojos naturales lo que está sucediendo a mi alrededor y empiezo a hablar como una cotorra.

Lo digo sin problema porque pienso que simplemente estoy "siendo genuina." Sin embargo, Tú no me pediste que fuera genuina. No me ordenaste que viviera por lo que veo, que esparciera lo que veo por todas partes con el poder de mi boca.

En vez de eso, dijiste que *debo andar por fe*. Dijiste que *viviera por fe*. Quieres que mi fe en tu poder para hacer milagros sea mucho más fuerte que lo que está ante mis ojos, aunque sea del tamaño de una montaña:

Una montaña de deuda. Una montaña de emociones que no he podido manejar. Una montaña de ropa sucia. Ansiedad del tamaño de una montaña. Una lista de cosas por hacer del tamaño de una montaña, sin tiempo para hacerlas. Una montaña de sufrimiento

Dios, las montañas no te asustan; entonces tampoco deberían asustarme a mí, sabiendo que Tú estás conmigo.

No quieres que te dé una descripción detallada de la montaña. Entonces, ¿por qué lo hago? ¿Para que otras personas se compadezcan de mí? ¿Para impresionar a otros con las cosas que estoy enfrentando? ¡Impresionarlos no me va a ayudar, y lograr que sus palabras estén de acuerdo con las mías es lo contrario de lo que necesito!

Me dices que mire a la montaña directamente a los ojos, que me mantenga fuerte en la fe y que no hable ni una palabra acerca de ella. Lo que debo hacer es decirle a la montaña *quién* es mi Padre, ¡cuánto me ama mi Padre*!,* *¡qué dice la Biblia acerca de las promesas que me ha dado mi Padre! y ¡ordenarle que se mueva al mar!* Así, ni yo, ni nadie más tendremos que volver a enfrentar esa montaña.

Si la montaña trata de quedarse... entonces yo me marcharé, como hizo Jesús cuando maldijo la higuera. La higuera no se murió en unos minutos, pero el proceso empezó inmediatamente. Sus discípulos aún no podían verlo con sus ojos, pero se estaba muriendo por dentro.

Por eso debe existir una gran diferencia entre lo que *vemos* y lo que *decimos*. Algunas veces, puedo ver muy poco de lo que realmente estás haciendo por mí entre bastidores. No voy a decir lo que veo en el ámbito natural. Voy a decir lo que Tú, Dios, ¡has prometido hacer por mí!

LA PALABRA DE DIOS

> Sean, pues, aceptables ante ti mis palabras y mis pensamientos, oh, Señor, mi roca y mi redentor.
>
> SALMOS 19:14 (NVI)

> Les digo la verdad, ustedes pueden decir a esta montaña: "Levántate y échate al mar", y sucederá; pero deben creer de verdad que ocurrirá y no tener ninguna duda en el corazón. Les digo, ustedes pueden orar por cualquier cosa y si creen que la han recibido, será suya.
>
> MARCOS 11:23-24 (NTV)

> Pido también que les sean iluminados los ojos del corazón para que sepan a qué esperanza él los ha llamado, cuál es la riqueza de su gloriosa herencia entre los santos,
>
> EFESIOS 1:18 (NVI)

Querido Dios, ¿Por qué son tan malos?

Yo creo ser una persona amable. Digo, al menos *trato* de serlo. A veces parece que otras personas ni siquiera lo intentan.

¿Cómo es posible que la gente sea tan desagradable con personas desconocidas en las redes sociales? ¿Por qué las personas en el trabajo son tan amables delante de mí y después hablan de mí a mis espaldas? ¿Cómo puede ser que mis vecinos puedan ser tan dulces delante de mí y tan insolentes cuando no estoy cerca? ¿En serio? Aun mi familia a veces me dice "eso es demasiado grande para alguien como tú".

Estos golpes y ataques me dan ganas de darme por vencida.

Sé que Tú no quieres que deje que esos criticones me impidan seguir soñando. No quieres que la crítica me paralice como en el juego de actuar como un maniquí. No quieres que me detenga. Siempre has sabido que hay un enemigo por ahí y que él es un bocón.

¡Los criticones van a criticar!

Eso es lo que saben hacer. La manera en que actúa el criticón y lo que yo hago no se deben parecer en nada. Ellos parlotean como aves en el fondo. Ladran como perros cuando ven pasar a un desconocido. ¡Los perros que ladran no tienen nada que ver conmigo! Después de todo, soy una *desconocida* para ellos. Soy positiva. Soy una creyente. ¡Soy una visionaria! Definitivamente no voy a dejar que esos criticones me impidan seguir soñando.

Cualquier persona anónima se puede esconder detrás de un apodo falso en las redes sociales para escribir insultos a otras personas. Puedo permitir que ese tonto determine mi futuro o me puedo apoyar en el Dios del Cielo y de la Tierra. Honestamente, no es una decisión difícil. ¡Te escojo a ti! Tú ya te adelantaste a cualquier odio, sufrimiento, infierno u obstáculo que se vaya a poner en mi camino en el futuro.

Nada te toma por sorpresa. Creaste el final desde el principio. Tú viste a esos criticones décadas antes de que nacieran. ¡Creaste una vía de escape para mí y sabes cómo convertir su odio y su acoso en un camino para yo poder salir adelante!

Cualquier cosa que el enemigo arroje Tú la conviertes en algo para ascenderme. Cualquier cosa que arrojen los criticones, Tú la conviertes en una bendición para mí.

Si puedo poner mi confianza en ti, lo haré. Eres fiel. Eres verdadero. Nunca me has abandonado. No voy a dejar que estos cachorros y periquitos se roben mi futuro. ¡Tengo al Dios del universo de mi lado!

LA PALABRA DE DIOS

Practiquen el dominio propio y manténganse alerta. Su enemigo el diablo ronda como león rugiente, buscando a quién devorar.

1 PEDRO 5:8 (NVI)

Todo el mundo los odiará por causa de mi nombre. Pero no se perderá ni un solo cabello de su cabeza.

Si se mantienen firmes, se salvarán.

LUCAS 21:17-19 (NVI)

Pero benditos son los que confían en el Señor y han hecho que el Señor sea su esperanza y confianza.

JEREMÍAS 17:7 (NTV)

Querido Dios,
Las escondidas

Siete... ocho... nueve... diez. ¡Bueno, se acabó el tiempo! ¿Dónde estás? ¿Dónde estoy?

Algunas veces siento que estoy jugando a "las escondidas" contigo.

No te puedo ver y siento como que no te puedo encontrar. ¿Estás a la vuelta de esta esquina? ¿Arriba? ¿Estás mirándome mientras te busco? ¿Estoy fría o caliente? Me pregunto si me puedes ver.

Y entonces...¡te veo! Alcanzo a verte por un segundo. En un sentimiento en mi corazón, en la oración, en la adoración o en algo que me sucede. Y cuando siento que ya no te puedo ver... ¡quiero verte aún más!

¿Por qué será que me identifico —más de lo que quisiera— con un niño de dos años jugando a las escondidas? Ansiosa, un poco confundida, pero, como aquellos niños, aun anticipando ansiosamente el próximo vistazo de la persona que aman. ¡Luego explotan en júbilo cuando finalmente los encuentran! Así soy yo, buscándote a ti. Aún me pregunto si me puedes ver a mí.

Este juego de las escondidas me recuerda cuando la vida se hizo tan difícil para Agar, que huyó al desierto. Aunque nadie sabía dónde encontrarla, Tú lo hiciste. Sabías dónde estaba ella. Sabías *cómo* estaba ella. La viste. Nunca te detienes. Nunca te vas. Nunca esquivas la mirada. Tú siempre me puedes ver, aunque sienta que estoy sola.

Ahora quieres que te mire a ti. Aunque mis propias acciones puedan dificultármelo, quieres que te mire a ti. Ya sea que esté tratando de huir de mis problemas, como lo hizo Agar, o que me haya quedado inmóvil frente a ellos, quieres que te mire a ti.

Puede que no te vea, pero Tú estás allí. Quieres que tenga confianza aun cuando no pueda verte. Aún estas obrando. Quizá no te pueda ver, pero eso no significa que algo esté mal. Simplemente significa que es el momento de activar mi fe.

Siempre y cuando sepa que me puedes ver, puedo fijar mi mirada en lo que no puedo ver. Estás aquí. Tu gracia me rodea. Tu amor me cubre. Tu misericordia me inunda. ¡Ya es hora! No voy a jugar a las escondidas. No voy a jugar a esconder mi rostro, ni a buscarte como si fuera un juego. Voy a mirarte a ti y a tu gracia directamente. No voy a perder de vista la meta. No me voy a distraer.

Estás conmigo. Me ves y ahora me comprometo a devolverte la mirada. Juntos podemos lograr cualquier cosa.

LA PALABRA DE DIOS

Y Agar llamó el nombre del Señor que le había hablado: Tú eres un Dios que ve; porque dijo: ¿Estoy todavía con vida después de verle? Por eso se llamó a aquel pozo Beer-lajai-roi; he aquí, está entre Cades y Bered.

GÉNESIS 16:13-14 (LBLA)

Así que no nos fijamos en lo visible, sino en lo invisible, ya que lo que se ve es pasajero, mientras que lo que no se ve es eterno.

2 CORINTIOS 4:18 (NVI)

Entonces Jesús le dijo: Tú crees porque me has visto, benditos los que creen sin verme.

JUAN 20:29 (NTV)

Querido Dios, Llegué al límite

Esto fue lo que sucedió. Iba a toda velocidad. Estaba completando todas mis tareas. Me estaba esforzando. Me decía a mí misma: "¡puedes hacerlo!". ¡Y así fue! Lo estaba haciendo... hasta ahora.

Simplemente me cansé. Pensé que podía lograrlo. Estoy tan desilusionada. Intento levantarme, pero no puedo encontrar las fuerzas. Estoy tan enfadada conmigo misma por detenerme. Si tan solo no hubiera... ¿Qué? ¿Si nunca me hubiera sentado? ¿Si nunca me hubiera dado por vencida?

Seguí adelante. Seguí haciendo las cosas mecánicamente. Me sentía como un robot, pero por lo menos las cosas ocurrían. ¿Cuál fue el problema? ¿Por qué no funcionó? Funcionó por un rato. Quizá me estaba apoyando en mi propia fuerza. Me estaba esforzando, pero no estaba orando contigo.

Lo que puedo hacer sola y lo que puedo hacer cuando me apoyo en ti son dos cosas muy diferentes. No sé por qué se me olvida eso. Tú no eres un ser humano. No te cansas. Nunca duermes. Eres el cargador que va a recargar mis pilas... pero solo si me conecto a ti.

¿Qué estaba pensando? Recuerdo conectar mi teléfono cada noche al cargador, pero me olvido de conectarme contigo, la fuente de mi poder. ¡Contigo todo es posible! ¡Contigo puedo superar mis propias expectativas y empezar a cumplir las tuyas! Contigo hay acceso al cielo, al tiempo, a la sanidad, a la provisión, al favor, a la oportunidad y a la dirección sobrenatural. Contigo, puedo evitar las cosas que me hacen perder el tiempo y tener conocimiento divino en cuanto a dónde debo invertir mi energía para lograr un máximo rendimiento.

¡Ya no voy a correr como un hámster en su rueda! No voy a hacer lo que yo quiero sino aquello a lo cual Tú me GUÍES, aunque me sienta insegura. Con tu guía llamaré a las personas indicadas en el momento perfecto. ¡Enviaré los emails perfectamente redactados a las personas ideales y obtendré resultados estupendos! Así funcionan las cosas cuando me diriges Tú y no yo misma.

Mi tiempo y esfuerzo se optimizan más allá de lo que yo pudiera lograr con un esfuerzo del 110 % las 24 horas del día. ¿Por qué? ¡Porque el R*ey de Todos los Tiempos y de la Sabiduría* es mi socio y me está guiando, orientando y dirigiendo en cada decisión que tomo con influencia divina!

¡No daré un paso más sin que Tú me ayudes a tomar decisiones! ¿Límite? ¿Llegar a cuál limite? No hay límite que no se pueda superar, ni montaña que no pueda obligar a apartarse, ¡ni enemigo que pueda resistir el poder de mi Dios!

¡Estoy lista para seguir adelante CONTIGO, Jesús!

LA PALABRA DE DIOS

> En efecto, el que cuida a Israel nunca duerme ni se adormece.
>
> SALMOS 121:4 (NTV)

> Dios es el que me ciñe de poder, Y quien hace perfecto mi camino;
>
> SALMOS 18:32

> Y mirándolos Jesús, les dijo: Para los hombres esto es imposible; mas para Dios todo es posible.
>
> MATEO 19:26

Querido Dios,
Ando con el tanque vacío

Tú no eres tan bullicioso y fastidioso como todo el mundo…

¡Envía el email!

¡Apúrate!

¡Necesitamos ese informe!

¡Tengo hambre!

¿Dónde estás? ¡Estás ATRASADA!

Nadie tiene problemas para expresar sus necesidades y quejarse hasta que se las satisfaga. Todos quieren algo de mí, pero siento que ando con el tanque vacío. Sin embargo, yo sé que, si logro acercarme a ti para poder respirar, Tú me puedes volver a llenar.

Parece que la vida no nos deja darnos "lujos" como tomarnos un respiro. Y realmente necesito respirar. Te necesito a ti. ¿Pero *cómo* hago para pasar tiempo contigo?

Lléname, Señor. Pero hazlo en la fila de servicio rápido mientras paso a toda velocidad, incluso superando el límite de velocidad. ¡Ah! Y casi lo olvidaba: por favor haz que el policía de la patrulla mire hacia otro lado. Solo por hoy.

Tú no eres mandón, maleducado o exigente. Esperas en silencio, en el fondo, hasta que yo venga a ti. Esperas observando y deseando que me dé cuenta de que Tú eres mi respuesta.

Supongo que cuando me quede sin fuerzas, no tendré otra opción que acercarme a ti. O puedo darme cuenta ahora mismo de que, aunque no me puedo dar el lujo de detenerme, mucho menos me puedo dar el lujo de *no* detenerme para reunirme contigo. Es la reunión más importante de mi día.

Cuando hablamos, me dices quién me va a hacer perder el tiempo, si hay algo que no vale la pena y si hay algo innovador que pudiera cambiar mi futuro y que estoy a punto de pasar por alto. Me das la fortaleza para tener conversaciones sin meter la pata. Me das la paciencia para no "tirar piedras contra mi propio tejado". Me das la sabiduría para que las palabras que salen de mi boca sean las de una persona de mayor experiencia.

¡Me conviertes en algo mucho mejor de lo que soy!

Si pudiera simplemente ver que estos pocos minutos —que creo no poder separar— son, en realidad, el momento más importante de mi día... ¡Es lo que me va a salvar de problemas que ni siquiera veo! ¡Es mi gasolina, mi recarga, mi todo!

¿Cómo es posible que pudiera creer que no tenía tiempo para que me llenes? Me llenas de bondad, de sabiduría, de fortaleza, de valor, de confianza, de gracia, de bendición y de la capacidad de bendecir a otros.

Padre, perdóname por perder de vista lo que realmente es importante. Tú eres mi prioridad. ¡Qué tonta he sido! ¡Iba tan rápido que no me di cuenta de que siempre te he necesitado!

LA PALABRA DE DIOS

Él fortalece al cansado y acrecienta las fuerzas del débil. Aun los jóvenes se cansan, se fatigan, y los muchachos tropiezan y caen; pero los que confían en el Señor renovarán sus fuerzas; volarán como las águilas: correrán y no se fatigarán, caminarán y no se cansarán.

ISAÍAS 40:29-31 (NVI)

Busquen el reino de Dios por encima de todo lo demás y lleven una vida justa, y él les dará todo lo que necesiten. Así que no se preocupen por el mañana, porque el día de mañana traerá sus propias preocupaciones. Los problemas del día de hoy son suficientes por hoy.

MATEO 6:33-34 (NTV)

No se preocupen por nada; en cambio, oren por todo. Díganle a Dios lo que necesitan y denle gracias por todo lo que él ha hecho. Así experimentarán la paz de Dios, que supera todo lo que podemos entender. La paz de Dios cuidará su corazón y su mente mientras vivan en Cristo Jesús.

FILIPENSES 4:6-7 (NTV)

Querido Dios,
Necesito tomar una decisión

Realmente necesito resolver esto.

No sé qué hacer. Pero incluso no hacer nada es hacer algo. No quiero tomar la decisión de no hacer *nada*. ¡De verdad! ¡Necesito saber qué hacer!

"¿Me quedo o me voy?". No es solamente lo que dice una canción. Es la realidad en la que estoy atascada. Estoy considerando todas las opciones. ¡No puedo darme el lujo de equivocarme!

Sé que tomo un millón de decisiones todo el día sin consultarte. Algunas son muy fáciles porque "de ninguna manera voy a hacer eso". Las decisiones emocionales son fáciles. Sin embargo, he tenido que arrepentirme de muchas de ellas. Muchas veces, lo que en el momento *no* quiero hacer, suele ser la decisión correcta.

Supongo que no debo tomar mis decisiones basada en mis emociones. Sin embargo, me baso en mis emociones para tomar diez o veinte decisiones al día. ¡Un momento! ¿¿¿Cuántas decisiones tomo cada día sin preguntarte, Dios???

Necesito un nuevo plan para tomar decisiones. Cuando necesite saber algo no me voy a dejar llevar por lo que sé. Ya vi los resultados de hacer eso. Me voy a apoyar en ti. Haré una pausa para orar, escucharé hasta que tenga paz y obedeceré. Esa es la fórmula para tomar buenas decisiones.

Solamente necesito un segundo para detenerme y preguntarte lo que debo hacer. ¿Por qué no voy a preguntarle a AQUEL que sabe cuáles son todas las consecuencias posibles? Cada palabra que dices destila sabiduría eterna.

La Biblia dice que Tú me guías con paz; entonces te voy a consultar. No es que no me estés guiando; es que no he estado prestando atención a los indicadores adecuados. Bueno, es posible que haya ignorado algunos cuantos porque mi sentimiento de paz no correspondía con lo que quería.

No voy a tomar decisiones simplemente basada en lo que PIENSO que quiero en ese momento. En lugar de eso, me apoyaré en mi espíritu para ver qué dices TÚ. Estaré atenta a esa paz celestial.

Cuando tenga paz para tomar un camino, no la voy a ignorar. No le voy a hacer caso omiso. Voy a obedecer. Dios, ¡nunca quieres darme menos... siempre quieres darme más! Los que están dispuestos a obedecer (esa soy yo) comerán lo mejor de la tierra (Isaías 1:19). ¡Es hora de disfrutar un banquete de buenas decisiones!

LA PALABRA DE DIOS

¿Están ustedes dispuestos a obedecer? ¡Comerán lo mejor de la tierra!

ISAÍAS 1:19 (NVI)

Confía en el Señor con todo tu corazón, y no te apoyes en tu propio entendimiento. Reconócele en todos tus caminos, y Él enderezará tus sendas.

PROVERBIOS 3:5-6 (LBLA)

Porque el SEÑOR da la sabiduría; conocimiento e inteligencia brotan de sus labios.

PROVERBIOS 2:6 (NVI)

Y que la paz de Cristo reine en vuestros corazones, a la cual en verdad fuisteis llamados en un solo cuerpo; y sed agradecidos.

COLOSENSES 3:15 (LBLA)

Querido Dios, Quebrantada

—

Al ver las publicaciones de las redes sociales, la vida de todos los demás parece tan... ¡DIVERTIDA! Y aquí estoy yo. Tengo menos "likes" y a veces siento que a nadie le importo. ¿Por qué soy la única que tiene un espacio vacío en mi historia de perfil? ¿Por qué las historias de ellos parecen tan buenas y mi vida parece tan rota?

El enemigo hace todo lo posible para esconder el hecho de que *todo el mundo* se ha sentido quebrantado. Él quiere que me sienta como una marginada social, sola, señalada y como si no pudiera competir con los demás. Pero todo el mundo ha tenido épocas cuando han estado quebrados financieramente o se ha roto una relación. Muchos venimos de un hogar roto, o tememos que vamos a tener uno.

Nuestros corazones se han roto, nuestros cuerpos se han roto, ya sea un hueso roto, un tumor, una enfermedad; nuestro pasado ha sido tan desastroso que nuestro futuro se ve roto. Por lo menos, eso es lo que el enemigo nos susurra.

No es verdad. Dios, Tú me dices lo mismo en dos partes diferentes de la Biblia: viniste a sanar al *quebrantado*. ¡Viniste por mis partes rotas! ¡Viniste a llenar ese vacío! Sabías que mi situación actual estaba en mi futuro y ya has planeado una vía de escape; una sanidad dentro de mí; ¡una manera de convertir en algo que me haga bien lo que el enemigo iba a usar en mi contra!

Si el enemigo va a molestar a "tu niña", ¡harás que él pague! En lugar de considerarme una causa perdida, dejas que tu luz brille a través de los pedazos rotos para mostrarle al mundo lo que tu luz puede hacer si te lo permito. ¡Y quiero dejarte hacerlo! ¡Mi dolor tiene un propósito y lo voy a usar para tu gloria!

Es increíble: cuando un hueso se rompe y luego se sana, el lugar donde se había producido la fractura, se vuelve tan fuerte al sanarse, que ¡nunca más se romperá en ese mismo sitio!

Me estás sanando para que sea más fuerte que antes y no me vuelva a romper en el mismo sitio. ¡He estado rota, pero ESTO no me sucederá de nuevo!

El enemigo trató de hundirme, pero cuando yo soy débil, Tú eres fuerte. ¡Y soy más fuerte que nunca en ti porque permito que me sanes!

No me destruyó. ¡AÚN... SIGO... AQUÍ! Dios, puede que haya partes de mí que estén rotas; pero te invito a que vengas a sanar, reparar, reemplazar, renovar, revitalizar, restaurar; y a hacerme más fuerte que nunca. ¡Usa mi historia de restauración para tu gloria!

LA PALABRA DE DIOS

El Espíritu de Jehová el Señor está sobre mí, porque me ungió Jehová; me ha enviado a predicar buenas nuevas a los abatidos, a vendar a los quebrantados de corazón, a publicar libertad a los cautivos, y a los presos apertura de la cárcel;

ISAÍAS 61:1

El Espíritu del Señor está sobre mí, Por cuanto me ha ungido para dar buenas nuevas a los pobres; Me ha enviado a sanar a los quebrantados de corazón; A pregonar libertad a los cautivos, Y vista a los ciegos; A poner en libertad a los oprimidos; A predicar el año agradable del Señor. Y enrollando el libro, lo dio al ministro, y se sentó; y los ojos de todos en la sinagoga estaban fijos en él. Y comenzó a decirles: Hoy se ha cumplido esta Escritura delante de vosotros.

LUCAS 4:18-21

El Señor está cerca de los quebrantados de corazón, y salva a los de espíritu abatido.

SALMOS 34:18 (NVI)

Querido Dios, Estoy lista para la montaña rusa

Siento que necesito ponerme mi cinturón de seguridad y debo mantener los brazos y las piernas en el asiento todo el tiempo. ¡Siento que estoy en una montaña rusa lista para partir!

Cuando algo nuevo y emocionante está a punto de ocurrir me suelo poner nerviosa. Las manos me sudan, mi estómago se siente un poco raro y no es porque no haya cenado la noche anterior. Estoy emocionada, pero, al mismo tiempo, aterrada.

Si no tuviera el cinturón asegurado, me bajaría ahora mismo. ¡No me importa lo que piense la gente! Sin embargo, tampoco quiero perderme de esta atracción.

Tienes planes ASOMBROSOS para mí. ¡Se siente como cuando una montaña rusa empieza la marcha! Estoy asustada pero la parte que me toca a mí no es la difícil.

¡Todo lo que tengo que hacer es AGARRARME! No necesito intentar conducir el tren; en vez de eso te puedo dejar que me lleves al sitio donde debo ir. Aunque me ponga patas arriba y de costado por un minuto, contigo al timón, sé que estoy segura. No solamente estoy segura; ¡estoy completamente entusiasmada y gritando a todo pulmón de la emoción!

Nunca intentaría hacer nada de esto por mi cuenta. Pero no estoy sola. ¡Estoy contigo! Cuando me ponga nerviosa y el ascenso sea increíblemente empinado, estoy segura de que después viene la caída. Puedo mirarte y saber esto: ¡al poner mi mirada en ti y confiar en ti, nunca me llevarás por mal camino!

Esta montaña rusa parecerá una locura, pero el destino a donde me llevas es un buen lugar: pastos verdes y delicados, llenos de provisión, nutrición y capacidad. El trayecto parecerá una locura, pero lleva a un lugar de aguas tranquilas donde me sustentas, me das paz y me limpias de todas esas cosas que he estado cargando.

No haces ninguna de estas cosas por mí, porque yo lo merezca. Lo haces porque eres mi Padre. Si sigo tus instrucciones, aunque me asuste un poco, ¡me vas a llevar a la mejor aventura de mi vida! Voy a brincar y a gritar: "*¡hazlo otra vez Papá! ¿Podemos ir otra vez?*"

Aunque la montaña rusa donde voy ahora parece más escalofriante que la anterior, estas aquí a mi lado. Me estás consolando, animando, diciéndome que si confío en ti, lo lograré. ¡Y sí confío!

¡Está bien, vamos!

LA PALABRA DE DIOS

He aquí, hago algo nuevo, ahora acontece; ¿no lo percibís? Aun en los desiertos haré camino y ríos en el yermo.

ISAÍAS 43:19 (LBLA)

Jehová es mi pastor; nada me faltará. En lugares de delicados pastos me hará descansar; Junto a aguas de reposo me pastoreará.

SALMOS 23:1-2

Aunque ande en valle de sombra de muerte, No temeré mal alguno, porque tú estarás conmigo; Tu vara y tu cayado me infundirán aliento.

SALMOS 23:4

www.ingramcontent.com/pod-product-compliance
Ingram Content Group UK Ltd.
Pitfield, Milton Keynes, MK11 3LW, UK
UKHW021959270726
14060UKWH00003B/596

9 781956 625684